华夏文库·儒学书系

推天道　明人事

周易

陈欣雨　著

大地传媒　中州古籍出版社

《华夏文库》发凡

毫无疑问，每一个时代都有属于自己时代的精神追求、文化叩问与出版理想。我们不禁要问，在 21 世纪初叶，在全球文明交融的今天，在信息文明的发轫初期，作为一个中国出版人，我们正在或者将要追求什么？我们能够成就或奉献什么？我们以何种方式参与全球化时代的文化传播进程？在一连串的追问下，于是，有了这套《华夏文库》的出版。

自信才能交融。世界各大文明在坚守自身文化个性的同时，不约而同地加快了探视其他文化精神内涵的步伐，世界不同文明正在朝着了解、交流、碰撞、借鉴与融合的方向前进。在此背景下，建立自身的文化自信，正是与世界各文明民族进行文化交流的基本要求。五千年中华文明与文化正在不断地被其他文明所发现、所挖掘、所认知，汉语言正在生长为世界语言，儒文化正在世界各地生根发芽。

借助这样一种正在成长着的文化自信、自觉、开放、亲和之力，用我们这个时代的学术眼光全面系统梳理中华五千年的文明与文化，向其他各大文明与文化圈正面展示自我，让中华优秀文化成为世界文化的重要组成部分，正是我们出版这套文库的目的之一。此其一。

知己才能知彼。身处五千年文化浸润的今天，重新思考我们先人的人生思考、价值思考与哲学思考，找到一个民族、一个国家的价值所在、立命所在、安身所在,这已经是我们这个时代的学人与出版人不得不再思考的问题。作为中华文明的一分子,我们在思考的同时,还必须了解我们的先人创造了如何优秀的精神文明与物质文明以及社会文明。只有熟知自己的文化,热爱自己的文化,悟明自己的文化,我们才能宣说自己、弘扬自己、光大自己。因此,我们策划组织这套《华夏文库》的初衷,还在于让当下的知识青年全面系统瞭望中华文明与文化的全景,并借此能够对更为深广的世界各民族文化提供一个比较认知的基础。此其二。

顺势才能有为。我们正处在农耕文明、工业文明、信息文明的交汇处,信息文明带领我们从读纸时代进入读屏时代,以智能手机屏幕为代表的书籍呈现方式正在与纸质书籍争夺阅读时间与空间。我们正在领悟数字技术,正在以信息文明的视角,去整理、分析和研究农耕文明与工业文明的文化遗产,不仅仅是为了唤醒优秀的传统文化,我们还在生发和原创着当今时代的文化。由此,我们试图架起一座桥梁——由纸质呈现而数字呈现,由数字呈现而纸质呈现,以多媒介的书籍呈现方式,将文字、图像、声音与视频四者结合,共同筑成《华夏文库》以奉献给信息文明时代的新读者。此其三。

总之,这是一套——专家大家名家写小书;以最小的阅读单元,原创撰写中华精神文化、物质文化与社会文明系列主题与专题;以图文、音视频多媒介呈现的方式,全面介绍与传播中华文明与优秀文化,系统普及与推介中华文明与文化知识;主旨是为了让世界与中国共同了解中国的——大型丛书,借此,复兴文化,唤起精神,融入世界。

耿相新

2013 年 6 月 27 日

目 录

引 言　岁月《周易》…………………………………………… 1

一　源头活水之《周易》

  1　文明踪迹溯本源 …………………………………… 6

  2　代传三名演天地 …………………………………… 9

  3　史更三圣各成言 …………………………………… 13

  4　《周易》经文简介 ………………………………… 17

  5　《周易》之道 ……………………………………… 30

二　《周易》与儒学

  1　孔子学《易》

    ——损益之道 ……………………………………… 38

  2　孟子谈《易》

    ——乾坤与德行 …………………………………… 46

3 荀子用《易》
　　——天道与人性 ········· 49

4 董仲舒神《易》
　　——儒术与谶纬 ········· 52

5 郑玄合《易》
　　——象数与义理 ········· 59

6 王弼唱《易》
　　——"三玄"经典道有无 ········· 61

7 孔颖达集《易》
　　——儒易楼台风雨中 ········· 64

8 邵雍授《易》
　　——道生儒师弟子传 ········· 66

9 周敦颐画《易》
　　——《太极图说》开宋易 ········· 73

10 朱熹注《易》
　　——综罗百易成三书 ········· 76

11 王夫之引《易》
　　——以史解说论古今 ········· 79

三 天人合一 易儒交融

1. "天人合一"与卦爻"三才" …………… 83
2. 中庸之道与中位之爻 …………………… 86
3. 刚健厚德与《乾卦》《坤卦》 ………… 89
4. 把握时机与《需卦》 …………………… 93
5. 谦谦君子与《谦卦》 …………………… 95
6. 择偶有道与《咸卦》 …………………… 97
7. 诚信为本与《中孚卦》《无妄卦》 …… 99
8. 取之有道与《颐卦》 …………………… 103
9. 持之以恒与《恒卦》 …………………… 105
10. 晋升有道与《晋卦》 …………………… 108

四 《周易》与生活

1. 生活饮食相关 …………………………… 112
2. 宅坟风水相应 …………………………… 114
3. 中医经脉相承 …………………………… 116
4. 天文历法相连 …………………………… 123
5. "周公解梦"相效 ……………………… 125

附 录

1　《周易》重要典籍 ································ 127
2　学《周易》的方法 ································ 132

小知识目录

筮人 ································ 12

周公 ································ 16

经学 ································ 45

六艺 ································ 45

稷下学宫 ·························· 51

博士 ································ 58

"竹林七贤" ······················ 63

陈抟 ································ 72

张载及横渠四句 ················ 72

尾生抱柱 ·························· 102

愚公移山 ·························· 107

鹬蚌相争,渔人得利 ·········· 110

引 言

岁月《周易》

渐消渐长，经典之魁，
何去何从，群经之首。
经里经外，尽显义理，
古往今来，传续文明。

　　《周易》作为我国最为古老、最有权威、最负盛名的经典之一，是中华民族智慧的结晶，其理念原则、范畴概念、象数图式已经深入人心，广为流传。作为群经之首、古代经邦济世的宝典、经典中的经典，《周易》在几千年的历史长河中，历经种种坎坷与考验，或褒或贬，时衰时兴，却依然默默地为中国文化和世界文化做出重大贡献。

　　春秋时代是一个文献大流传、知识大传播的时期，但社会的动乱、战争的频繁使在文本中流传的文明很容易失落湮灭。成书于殷周之际的《周易》自古被称为"六经之祖"（其余五经为《诗》《书》《礼》《乐》《春秋》），都是有文字记录的，唯独《易经》产生于人类创造文字之前，

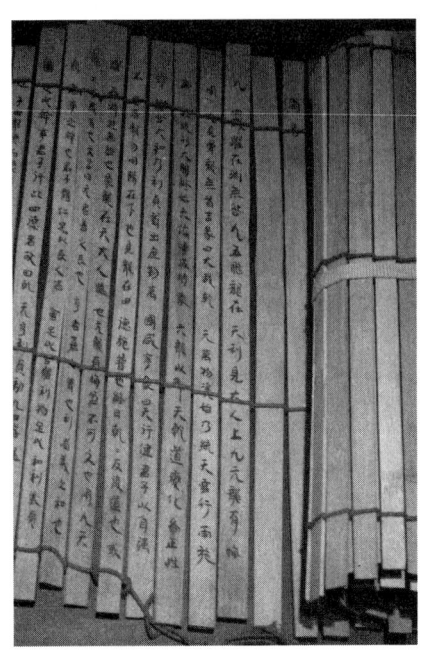

竹简《周易》
山东省济南市博物馆藏

用画来表达其意思)。《周易》从六七千年前伏羲"近取诸身,远取诸物"创立数字卦和无字《周易》,经神农氏、黄帝、尧、舜、禹,到夏商时期的《连山》、《归藏》、有字《周易》,经历了漫长的发展过程。到周文王演《周易》时,已经达到了很高的水平。此时,由《周易》指导的天文学已经完善,测天量地的天文手段和易之数理的计算方法、人们活动所具有的推算预测功能以及辨别吉凶的卦辞爻辞,逐渐演变成了人们追求美好结局和改变环境的希望,这也就成为巫师术士算命的依据,而《周易》的占卜用语隐晦意义,都很难直接或广泛地被人们理解,更不用说作为史料应用,因而后人把《周易》看做是卜卦算命之书,也是有一定道理的。然而,《周易》的贡献并不仅仅在于中华农耕文明的天文学上,卜卦算命也不是它的主流。古人云"知易者不卜",即真正懂得《周易》本质的人是不去卜卦算命的。稍作回顾便明朗,迄今关于中华文明起源,夏、商、周断代诸多研究,都无不因《周易》的参与而让人更加沉醉和信服古人的智慧。

《周易》以其深邃的哲学理论、高明的政治伦理思想、精妙的象数思维模式,证实了它经典中的经典的地位,沉淀了哲学中的哲学智

河南汤阴羑里城遗址
羑里城是有文字记载的中国第一座国家监狱，周文王曾被囚禁于此地，现存建筑是明代重修的。羑里城也是周易文化的发祥地，"文王拘而演《周易》"，周文王根据伏羲八卦推演出六十四卦

慧，更代表了古人思维的不断发展和经验的璀璨结晶。经过数千年的沧桑，它已成为中华民族传统文化的重要组成部分，亦是各族人民共同努力营造的文化殿堂。

但是由于《周易》博大精深，它多以符号、图形、数理、文字的形式阐述易理，而符号、图形、数理难解，文字晦涩难懂，它阐述事理的社会背景久远，所以使普通读者望而生畏，往往被视为一部"天书""难经"，对此中的奥秘、玄机、数理逻辑，人们往往望而却步，

西汉帛书《周易》(片段)
《周易》历经数千年之沧桑,已成为中国文化之根,被视为群经之首

视之为"琼楼玉宇""高处不胜寒"。然而,只要你潜下心来,坚定信念,加之长期的勤奋学习和明师的指点,尽力掌握易理的关键,应该会拨开迷雾,有所收获。因此,对它的溯源之路亦成了我们回归元典、体悟文明的探寻之旅。

一 源头活水之《周易》

文明何处寻踪迹?
历代更迭文不载。
往圣心传斯文事,
易道贯穿天地人。

1. 文明踪迹溯本源

何谓"文明"？"文明"一词，在《易传·文言》中得到最初的诠释："见龙在田，天下文明。"人类从茹毛饮血的蛮荒时代到如今的现代科技社会，在地球的脊背上铭刻下无数的人类文明，而这让人类无限自豪的灿烂文明史正是由无数古代和现代人类活动的足迹组成的。

文本与文明的不一致性是无法避免的。夏商周时期是文明萌生、理性自觉的开端，尽管它孕育着一个民族存在的依据和可能，但却是一个文本无法得以流传的时代。

而《周易》孕育萌生于此时，古老而灿烂。孔子曰："夫《易》，何为者？夫《易》开物成务，冒天下之道，如斯而已者也。是故圣人以通天下之志，以定天下之业，以断天下之疑。"孔子是圣人，他曾经韦编三绝读《周易》，年五十探《周易》，学《周易》无大过也。为什么《周易》会有这么大的能量和效用？因为《周易》中的卦不是随便来的，它是圣人伏羲坐于方坛之上画的八卦，文王因于羑里而演六十四卦及孔子五十岁时下韦编三绝之功而成《十翼》的结果。

从历史发展的脉络看，从先秦到两汉，到魏晋，再到隋、唐、宋、明时期，最后到清代，易学在每一个时期都极富时代特点。易学开始萌芽于先秦时期，此时易学仍然以占卜为发展主流，但已出现的易传则是向哲学发展；到了春秋战国时期，易学的理论开始形成；到了汉代，易学逐渐形成学派并被官方接受，官方易学对后世影响较大；魏晋易学则是一反汉代易学的繁琐学风和象数之说，玄学义理派大为发展，易学又有了新的发展方向，其内容也得到了扩充；到了唐代，在开放活跃的学术氛围和佛、道二教的冲击之下，易学和儒、释、道三教相互渗透和融合成为时代的特点，义理一派和卜筮易学一直彼此相争；而后出现的宋明理学，对易学的研究凸显出义理哲理的倾向，既是对唐代孔颖达《周易正义》的批判继承，又是对汉代象数易学和魏晋玄学易学的改造和扬弃，因而使儒家中的易学体系完善化；后来出现的清代易学则一改以经学、哲学的路向研究《周易》，重视历史，以史学的观点来重新训诂易学，依文言理，为易学纳入新的内涵。

思想不可避免的多元，我们置身于同样的处境中，却产生了完全不同的感受和态度，这些思想都是出于对中国传统文化的反思和对社会的责任感，而各种学说之间并非"道不同，不相为谋"，当然亦不是人云亦云，而应该是"并行而不悖"。我们欢迎"百家争鸣"，最忌"私其所积，唯恐闻其恶也，倚其所私，以观异术，唯恐闻其美也"（《荀子·解蔽》）。应当认同思想的主体性、自立性、自足性，提倡"天下同归而殊途，一致而百虑"（《易传·系辞下传》）的"和而不同"，从而才能欣赏"百家争鸣"那千岩竞秀、万壑争流的场面。

更何况任何一本国学经典的意义和价值都不是一朝一夕形成的，都是经历了历朝历代的许多文人学者的研究，也不可避免地加入了他们自己的体会和感悟，如果从一个单维和单向的视域来分析和考察《周易》,难免陷入非此即彼或者顾已忘人的迷障,要真正科学地把握其内蕴,将视角变得多维,无论怎样诠释《周易》,对也好、错也罢,都成为一笔极其丰富的财富,也正是这种摸爬滚打式的前进,才造就了《周易》丰富的内涵。因此今天,我们反观《周易》,研究《周易》,正是追寻文明的源头活水,文化的价值所在,人生的安身立命。

2. 代传三名演天地

世代相传的古人卜筮的典籍最出名的有三本：《连山》《归藏》《周易》，这三部书又合称"三易"。"三易"是用"卦"的形式来说明宇宙间万事万物循环变化道理的书籍。连《三字经》都称颂："有连山，有归藏。有周易，三易详。"对于三者的认识及其关系，有以下几种说法：

（1）《周礼·春官》记载："太卜掌三易之法，一曰《连山》，二曰《归藏》，三曰《周易》，其经卦皆八，别皆六十有四。""筮人掌三易，以辨九筮之名，一曰《连山》，二曰《归藏》，三曰《周易》。"

（2）古易的内容可分为《连山》《归藏》《周易》，传说《连山》为伏羲所作。伏羲画八卦为《易经》之始。《归藏》为黄帝所作。《周易》是周文王因于羑里，在伏羲八卦和《归藏》的基础上，将伏羲八卦演绎成六十四卦、三百八十四爻，并作卦爻辞而成。

（3）易经产生后也在不断修改完善，它的变化过程经历了三个形态。先是《连山》，接着变为《归藏》，最后是流传到现在的《周易》。三种易经，都是八卦演化而成的六十四卦。《连山》中的八卦都是山名：

商王武丁时期的卜骨

商周时期，人们都很迷信，做事情之前喜欢占卜。古代的占卜有专门的官职——筮人，掌卜筮，司占卦

宗山、伏山、列山、兼山、潜山、连山、藏山、叠山。《连山》之后改为《归藏》，突出了它的作用，八卦都带有"气"字：天气归、地气藏、木气生、风气动、火气长、水气育、山气止、金气杀。因头两卦一归一藏，所以就叫"归藏"。《归藏》又发展为《乾坤易》，就是现在流行的《周易》。它的八卦名称是：乾、坤、震、巽、坎、离、艮、兑，分别代表天、地、雷、风、水、火、山、泽八种事物。由于《乾坤易》在周朝开始流行，又有了经文，孔子又写了《十翼》，就叫做《周易》了。实际上《连山》《归藏》《周易》的卦画是一样的。

（4）《周易》是我国古代先人占筮的典籍，在卦序的排列方法上，《连山》以艮卦为首；《归藏》以坤卦为首，乾卦次之；《周易》则以乾卦为首，坤卦次之。《连山》和《归藏》早佚，唯《周易》得以传世。

"周"字具体地说，有两义：

（1）周普、普遍，即易道广大，无所不包。东汉郑玄《易赞》称："'连山'者，象山之出云，连连不绝；'归藏'者，万物莫不归藏于其中；'周易'者，言易道周普，无所不备。"

（2）指朝代，即周朝，古代常称周朝的书为周书，如《周礼》《周语》等。唐代孔颖达《周易正义》认为"周"是指岐阳地名，是周朝的代称。《周礼》云："太卜掌三易之法，一曰《连山》，二曰《归藏》，三曰《周易》。"此说认为《连山》为神农氏时代的筮书,神农氏也称"连山氏";《归藏》为黄帝时代的筮书,黄帝也称"归藏氏"。后夏用《连山》,商用《归藏》,西周所用之书则冠以"周"字,名为《周易》。

"易"字则有多种解释:

(1)"易"由蜥蜴而得名。出自许慎《说文解字》,为一象形字,而蜥蜴能够变色,引申出"易"的变易义。

(2)"易"之于西周,指西周礼乐制度的变革。

(3)"易"为日月,象征阴阳。从文字学看,"易"字的构成是"日""月"。"易"上为"日",下为"月",象征日月阴阳变化。

(4)"易"为日出,为"干"的本义。

(5)"易"为变换、交易。其甲骨文形象即象征将一器皿水(或酒)倒入另一器皿之中。

(6)"易"为变易、变化。即天下万物是常变的,万物皆无常。

(7)"易"为阴消阳长、阳消阴长的相互变化。如太极图。

(8)"易"为"道",恒常的真理,日新又新,即"生生之谓易"。

(9)"易"为古代卜筮之书的代名词。在《周礼》"太卜"的记载中,将《连山》《归藏》《周易》三部筮书称为"三易",故易是筮书的专有名词。

小知识◎筮人

　　古官名。掌卜筮的人，司占卦。《仪礼·特牲馈食礼》："筮人取筮于西塾，执之，东面受命于主人。"郑玄注："筮人，官名也。筮，问也。"《新唐书·李纲传》："筮人曰：'君当为卿辅，然待易姓乃如志。'"清周亮工《书影》卷一："究竟揲蓍之时，虽值某卦，某爻，亦必筮人为庸众解譬。"

3. 史更三圣各成言

《易经》成书于何时，成于何人之手，迄今无定论。《汉书·艺文志》有"人更三圣，世历三古"之说，讲的是《周易》学产生的历史过程。此说最为汉儒所接受，"三圣"一般指伏羲、周文王和孔子。伏羲画八卦；周文王演为六十四卦，作卦辞和爻辞；孔子作传以解经。"三古"是指上古、中古和近古。伏羲为上古，周文王为中古，孔子为近古。这也成为了较为普遍的说法。

伏羲作易始八卦

伏羲又称包牺、宓羲等。上古时代，通天之黄河现神兽"龙马"，背上布满神奇的图案，圣人伏羲将其临摹下来，并仰观天文、俯察地理，而作八卦；汉代司马迁在《史记·太史公自序》中云："余闻之先人曰'伏羲至纯厚，作易八卦'。"据此可见，伏羲画八卦的说法在汉初就很流行了。

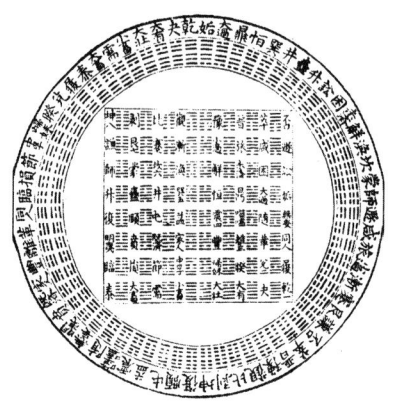

六十四卦图

据《史记·周本纪》记载,文王"其囚羑里,盖益易之八卦为六十四卦"

文王究演六十四卦

周文王即姬昌,受商封为西伯侯,又称伯昌。中古时代,姬昌被崇侯虎所谮,纣王把他囚禁在羑里(今河南汤阴北)。被拘期间,他潜心探究天人之理,将八卦演化为六十四卦,并写了卦辞和爻辞,即"文王拘而演《周易》"。

孔子与《易传》

近古时代,孔子喜《易》,感叹礼崩乐坏,故撰写《易传》十篇。关于孔子和《周易》的关系,帛书《要》篇记载:"夫子老而好《易》,居则在席,行则在橐。"这与司马迁之所记恰相吻合。《史记·孔子世家》中说:"孔子晚而喜《易》,序(《正义》:"《易·序卦》也。")《彖》《系》《象》《说卦》《文言》。读《易》,韦编三绝。曰:'假我数年,若是,我于《易》则彬彬矣。'"孔子为《周易》作《序卦传》,而孔子在早年亦曰:"夫《易》,何为者?夫《易》开物成务,冒天下之道,如斯而已者也。是故圣人以通天下之志,以定天下之业,以断天下之疑。"孔子是圣人,他曾经韦编三绝读《周易》,年五十探《周易》,并感叹:"加我数年,五十以学《易》,可以无大过矣。"孔子认为学《周易》可以无大过也。

当然，大多学者认为《易传》成书于战国时代，作者不是孔子。《易传》的成书，虽可能是孔门弟子及后学根据孔子讲《易》时的记录，加以整理、补充、润色而编纂的，但无疑受到孔子思想的影响。

还有人提出是周公，认为周公是文王第四子，他继承父业，文王作卦辞，周公作爻辞，爻辞在八卦学说中占有相当重要的地位。此后，史学界又增加了黄帝、尧、舜，因为《汉书·律历志》记载："伏羲画八卦，由数起，至黄帝、尧、舜而大备。"还有学者如陈梦家等提出《周易》为殷亡后遗民所作。与此同时，更多的学者如顾颉刚、李镜池等提出《周易》是筮者所作，"著作人无考，当出于那时掌卜筮的官"，"《周易》出自卜史之手，最有可能"。可见《易经》成书很可能非出于一时一人之手，所据不一。

小知识◎周公

周公,西周初政治家,姓姬名旦,周文王姬昌第四子,因封地在周(今陕西岐山北),故称周公或周公旦。自春秋以来,周公被历代统治者和学者视为圣人。孔子推崇周公,向往周公之业,盛赞周公之才,赞叹"周公之才之美",曾慨叹:"甚矣吾衰也!久矣吾不复梦见周公。"孟子首称周公为"古圣人",将周公与孔子并论。荀子以周公为大儒,在《儒效》篇中赞颂了周公德才。汉代刘歆、王莽将《周官》改名《周礼》,认为是周公所作,将周公的地位凌驾于孔子之上。唐代韩愈为辟佛老之说,将周公纳入儒家道统之列。自此以后,人们常以周孔并称,在教育上则有"周孔之教"的概念。总之,言孔子必及周公,这是古代尊崇周公的情况。

4.《周易》经文简介

《周易》
——从八卦到六十四卦

《周易》卦象按照一定规律而排列,唐人孔颖达曾用"二二相偶,非覆即变"来概括六十四卦卦画排列的特点。所谓"二二相偶",是指《周易》六十四卦两两为对,共三十二对,如乾、坤为一对,屯、蒙为一对,按顺序依次为对。孔颖达解释:"覆者,表里视之,遂成两卦。""变者,反覆唯成一卦,则变以对之。"所谓"非覆即变"即是指《周易》三十二对中每一对的卦画不是颠倒,就是相反。如屯倒置为蒙,需倒置为讼,这是覆。乾与坤相反,颐与大过相反,这就是变。在《周易》六十四卦三十二对中,除了四对为"变卦"(乾、坤;颐、大过;坎、离;中孚、小过)外,其余二十八对为"覆卦"。

卦

本义为象征自然现象和人事变化的一套符号，供占卜用，由六爻构成的一组爻为一卦，又以上下各三爻为一组，上方三爻，称作"上卦"或"外卦"，下方三爻，称作"下卦"或"内卦"。相传八卦为伏羲所作，本是反映古代人们对现实世界的认识，但自从被用为卜筮的符号，便逐渐带上神秘的色彩。通常所说的八卦是指乾、坤、震、巽、坎、离、艮、兑，主要象征天、地、雷、风、水、火、山、泽八种自然现象，并认为乾、坤两卦在八卦中占特别重要的地位，是自然界和人类社会一切现象的最初根源。传说周文王将八卦互相组合，又得六十四卦，用来象征自然现象和社会现象的发展变化。讲《周易》，必然要说八卦，由阴阳符号所组成的八个卦象，分别代表八种有形的事物：乾，三个阳爻，象天；坤，三个阴爻，象地；震，下面一个阳爻，上面两个阴爻，象雷；艮，上面一个阳爻，下面两个阴爻，象山；坎，中间一个阳爻，上下两个阴爻，象水；离，中间一个阴爻，上下两个阳爻，象火；巽，上面两个阳爻，下面一个阴爻，象风；兑，下面两个阳爻，上面一个阴爻，象泽。泽和上面的坎（水）有区别，坎是没有控制的水，泽是可以控制的水。在《易传·说卦传》第十一章里对八卦所对应之物进行了归纳：

乾为天，为圜，为君，为父，为玉，为金，为寒，为冰，为大赤，为良马，为老马，为瘠马，为驳马，为木果。

坤为地，为母，为布，为釜，为吝啬，为均，为子母牛，为大舆，为文，为众，为柄，其于地也为黑。

震为雷，为龙，为玄黄，为敷，为大涂，为长子，为决躁，为苍筤竹，为萑苇，其于马也为善鸣，为馵足，为作足，为的颡，其于稼也为反生，其究为健，为蕃鲜。

巽为木，为风，为长女，为绳直，为工，为白，为长，为高，为进退，为不果，为臭，其于人也为寡发，为广颡，为多白眼，为近利市三倍，其究为躁卦。

坎为水，为沟渎，为隐伏，为矫輮，为弓轮，其于人也为加忧，为心病，为耳痛，为血卦，为赤，其于马也为美脊，为亟心，为下首，为薄蹄，为曳，其于舆也为多眚，为通，为月，为盗，其于木也为坚多心。

离为火，为日，为电，为中女，为甲胄，为戈兵，其于人也为大腹，为乾卦，为鳖，为蟹，为蠃，为蚌，为龟，其于木也为科上槁。

艮为山，为径路，为小石，为门阙，为果蓏，为阍寺，为指，为狗，为鼠，为黔喙之属，其于木也为坚多节。

兑为泽，为少女，为巫，为口舌，为毁折，为附决，其于地也为刚卤，为妾，为羊。

八卦对应之物

卦名	物象	意义	代数	方位	五行	四季	动物	肢体	脏腑	家人
乾	天	健	一	西北	金	秋冬间	马	首	肺	父
坤	地	顺	八	西南	土	夏秋间	牛	腹	胃	母
震	雷	动	四	东	木	春	龙	足	肝	长男
巽	风	入	五	东南	木	春夏间	鸡	股	胆	长女
坎	水	陷	六	北	水	冬	猪	耳	肾	中男
离	火	丽	三	南	火	夏	雉	目	心	中女
艮	山	止	七	东北	土	冬春间	狗	手	脾	少男
兑	泽	悦	二	西	金	秋	羊	口	肺	少女

八卦生克关系

卦名	生	克
乾（金）	坎（水）	震、巽（木）
坤（土）	乾、兑（金）	坎（水）
震（木）	离（火）	坤、艮（土）
巽（木）	离（火）	坤、艮（土）
坎（水）	震、巽（木）	离（火）
离（火）	坤、艮（土）	乾、兑（金）
艮（土）	乾、兑（金）	坎（水）
兑（金）	坎（水）	震、巽（木）

六十四卦卦画及卦名

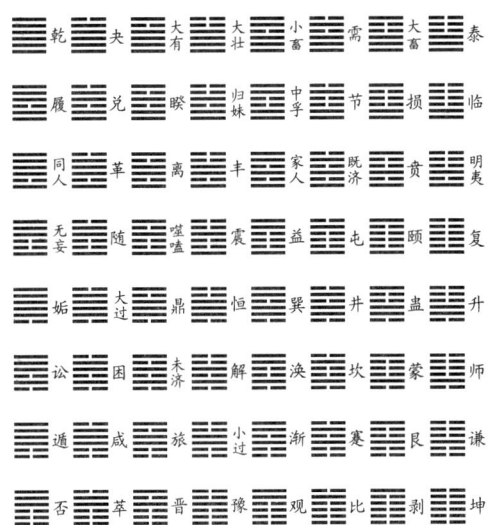

诀

诀，即用事物的主要内容编成的顺口的便于记忆的词句，八卦的构成很有规律，前人通过卦爻的形象，编成歌诀：

> 乾三连，坤六断，震仰盂，艮覆碗，离中虚，坎中满，兑上缺，巽下断。

此外，南宋朱熹为了方便朗诵，便编了一首歌诀：

> 乾坤屯蒙需讼师，比小畜兮履泰否。
> 同人大有谦豫随，蛊临观兮噬嗑贲。
> 剥复无妄大畜颐，大过坎离三十备。
> 咸恒遁兮及大壮，晋与明夷家人睽。
> 蹇解损益夬姤萃，升困井革鼎震继。
> 艮渐归妹丰旅巽，兑涣节兮中孚至。
> 小过既济兼未济，是为下经三十四。

爻

在《周易》里，八卦以阴阳符号标志世界万物及现象，而爻的本义为组成八卦中每一卦的长短横道，卦的变化取决于爻的变化，故爻表示交错和变动的意义。"—"叫阳爻，"- -"叫阴爻。《易经》中一卦共六爻，即由六个符号组成，每爻都有其意思，表达意思的文辞叫做爻辞。一卦有六爻，故共有六条爻辞。在卦辞下，六条爻辞以"九""六"作为爻题，阳爻称九，阴爻称六。六爻名称：由下而上的六爻,若为阳爻依次称为"初九""九二""九三""九四""九五""上九",若为阴爻依次称为"初六""六二""六三""六四""六五""上六"。

以乾卦为例:

乾卦的卦爻辞变化能够赋予多种含义。

如果以季节为例,当人在面对自然界的勃勃生机时,岁月的轮转、季节的变化让人感慨万千。综合观之,六爻从初九到上九,仿佛显示了阳刚力量从萌发到成长、旺盛,以至面临衰弱的起伏过程,从潜到现,从居到动,从下至上,再从上至下,仿佛季节的轮转,生生不息,周而复始。在阳气潜藏的春寒时节,万物均处于潜伏休养阶段;在阳光普照、春回大地的新春时节,万物复苏,一片生机;在初夏时节,万物都孜孜不倦地经营自我的生命;在欣欣向荣的盛夏时节,万物蓄势待发,跃跃欲试,展现自己的生命力;到了金秋时节,万物均已到了成熟收获、稳定状态的阶段;进入初冬,亢奋过激的炎夏已经过去,

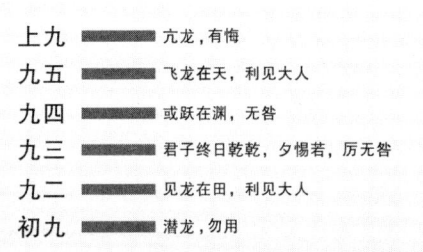

乾卦
乾卦每一爻之具体爻辞

丝丝寒意吹拂大地，万物均已到了潜藏蛰伏阶段。而正是由于季节的千变万化，才成就了万物的生长轮回，世界的复杂多样。

而以社会职场者为例，当还没有步入社会时，应耐心等待时机，像诸葛亮、刘伯温那样，韬光养晦，锻炼本领，修养身心，提高素质和应对困难的能力；当刚刚崭露头角、初试身手时，应该求见德高望重的贵人或者前辈，虚心请教，应该多学习、多观察，少发表意见；当你工作刚刚稳定时，应该辛勤研习，不可懈怠，警惕危险的发生；当你有了一定职位时，如在公司中任职小主管，上有长官，下有部属，这时候你有机会可以跳跃龙门，但是你切忌轻举妄动，可观望形势，考虑各方面因素，上下工作是否都已做到周备完善；当你升职到高层时，应该展示积养多年的品德和实力，好好干一番事业，不违天时民心；当你位高权重，一呼百诺时，应把握好度，不要滥用职权，物极必反，如果你沉溺名利，就会成为"亢龙"，落得"悔"的下场。无论是职场、官场还是家庭、事业，都可以将乾卦的启示和警告融入其中，从中汲取传统文化的精华，从而时常做到知己、晓时、明理。

爻位为爻所居的位置，它有一定的规律：初为阳位，二为阴位，

爻位对应表

爻位	三才	事物发展阶段	体部	社会等级
初爻	地	开始发端、萌芽之时	脚趾	在下之民
二爻	地	崭露头角、显示才能	小腿	居中之君（子）、卿（大夫）
三爻	人	大功告成、防微杜渐	腰部	之上诸侯
四爻	人	稳步发展、审时度势	上身	近五近臣
五爻	天	圆满成功、谨慎行事	脸部	上居天子
上爻	天	至高终极、物极必反	头部	最上宗庙（或太上皇）

三为阳位，四为阴位，五为阳位，上为阴位，即奇为阳位，偶为阴位，初、三、五为阳位，二、四、上为阴位。在《周易》中，阴阳位与阴阳爻并非一一对应，即阴爻并非居阴位，阳爻亦并非居阳位。而多为阴阳杂居，如阳居阴位，阴居阳位，故《周易》中有当位、不当位（或得位、失位）问题。一般说来，阳居阳位、阴居阴位为当位，阳居阴位、阴居阳位为失位。

而爻辞里面出现的占验之辞，大约有9个等级：

元吉：最为吉祥

大吉：非常吉祥

吉：吉祥

无咎：没有灾难

悔：懊悔

吝：困难

厉：危险

咎：灾难

凶：凶祸

象、数、理之间关系

《周易》经传中所出现的基本易学范畴是象、数、理。"子曰：'书不尽言，言不尽意；然则圣人之意，其不可见乎？'""子曰：'圣人立象以尽意，设卦以尽情伪，系辞焉以尽其言，变而通之以尽利，鼓之舞之以尽神。'"（《易传·系辞上传》第十二章）《易经》六十四卦，各有卦象（即卦形），每卦六爻，各有爻象与爻数，这就叫"象数"。也就是说，象指卦象和爻象，反映卦、爻所象征之事物及其位置关系；数指阴阳数和爻数。卦象、爻象与阴阳奇偶之数合起

卦象
卦象，物之象，两卦相重而卦象成

卦数
用数来表示卦义

来称为象数。象即万物之形象，如大象、本象、广象、逸象、补象、参象、五行象、意象、应象、内象、外象等；数为卦象的消、息、盈、虚、得、失、成、败之数，如奇数、偶数、阳数、阴数、生数、成数、天数、地数等。《易传》多言象数，其所谓象数，源自《左传·僖公十五年》："龟，象也；筮，数也。物生而后有象，象而后有滋，滋而后有数。"以龟为象，以筮为数。反映事物产生而有形象，象滋益而有数。理就是事物恰到好处的情由，如真理、道理、伦理、常理、义理、事理等，理的含义因时、因人而异。但其基本特征可限定为阐释《周易》的文意和道理。也就是说，义理是表示事物属性、功能、品德的抽象意义和表达事物本质规律的道理。

三者之间，象是由数而出，《系辞上传》言道："极其数，以定天下之象。"依此推象知数，推数穷理。象与数是可感官之物，理是靠体认之物。由象、数而析理，理通过卦爻象、数象征物象、事理和吉凶悔吝而显，因而其"义理"以占筮之理为主，兼含哲理观念而体

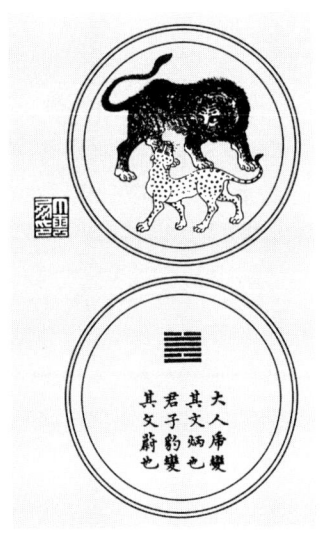

义理

亦称卦义，即通过卦象、卦数而表达出的意思

象、数。在此基础上，《周易》由卦爻象数系统与卦爻辞文字系统构成。《四库全书总目提要》将易学分为"两派六宗"，两派是指象数派和易理派（又称义理派），六宗，一为太卜遗法宗象数（占卜宗），二为京房、焦赣论机祥（机祥宗），三为陈抟、邵雍穷造化（造化宗），四为王弼黜象数、宗老庄义理（老庄宗），五为胡瑗、程颐阐儒理（儒理宗），六为李光地、杨万里参证史事（史事宗）。其中占卜宗、机祥宗、造化宗可归入象数派的术数派，老庄宗、儒理宗、史事宗可归入义理派。

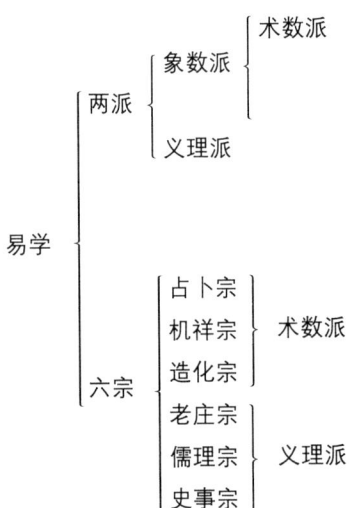

《易传》
——《十翼》辅佐明经义

关于《易传》，大多数学者认为，它成书于战国时代。谈及《易传》的作者，目前学术界最认同的依然是孔子，也有人认为是孔子后学成书，可能有许多话是孔子传授《易》时所说。孔子的学生根据孔子讲《易》时的记录，加以整理、补充、润色而编纂成《易传》。《易传》（因其如《易经》的羽翼，又称《十翼》）共7种10篇，有解析卦象和爻象的《彖传》（又称《彖辞》《彖辞传》），有解读乾、坤二卦的《文言传》，有对卦辞、爻辞断语的《象传》，有阐释易理的《系辞传》，有说明卦象、卦理的《说卦传》，有说明卦序排列的《序卦传》及《杂卦传》，包括：

（1）《彖上传》

（2）《彖下传》

（3）《象上传》（又称"大象"）

（4）《象下传》（又称"小象"）

（5）《系辞上传》

（6）《系辞下传》

（7）《文言传》

（8）《序卦传》

（9）《说卦传》

（10）《杂卦传》

《易传》无论是从内容上还是形式上，都与《易经》有很大的不同，它是基于文本《易经》，继承《易经》卦、爻辞符号系统而形成自己的思想体系的著作。《彖传》为《易传》中的一部分，是解释六十四卦卦辞的，分《象上传》《象下传》两篇，内容为论断六十四卦卦名、卦辞的意义。《系辞传》总论《易经》大义，解释卦爻辞的意义及卦象爻位，所用的方法有取义说、取象说、爻位说；又论述了揲蓍求卦的过程，用数学方法解释了《周易》筮法和卦画的产生和形成。《文言传》是对乾、坤二卦的解释。《系辞传》与《文言传》是前人解经遗说的辑录。《说卦传》收录了汉初经师的"卦象"、"卦德"说。《序卦传》是说明六十四卦排列次序的篇名。《杂卦传》是对卦义的解说。以上这些，都是早期对《周易》的解说。

《易》图
——河图洛书始配文

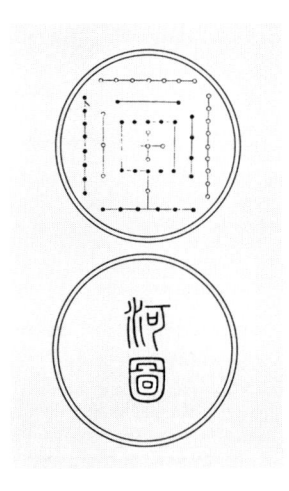

河图
传说伏羲通过龙马身上的图案与自己的观察，画出"八卦"，而龙马身上的图案就叫做"河图"

所谓《易》图之书，主要是指河图与洛书。河，就是黄河；洛，就是洛河。河洛地带是以洛阳为中心的中原地区，河图、洛书是宋人附会并发挥前人注《易》之图而来的。这些《易》图又被后人互相附会发明，愈演愈繁，自宋及清，《易》图在数百年间，已经多达千种，形成了一种新兴研究之学，以"图""书"之学称之谓之。

先秦确有"河图"之说，相传伏羲曾见龙马负图出河，称之为河图；夏禹治水时，洛河水中浮出了神龟，背负文字，有数至九，大禹用它做成九畴，称之为洛书。最早记录在《尚书》之中，《尚书·顾命篇》

曰:"大玉、夷玉、大球、河图在东序。"《易传·系辞上传》有"河出图,洛出书,圣人则之"之说。而孔子在《论语》中也感叹说:"凤鸟不至,河不出图。"但是河图、洛书到底是什么样子,出自何人之手,无人知晓。但这两幅来路不明的神秘图案,历来却被认为是河洛文化的滥觞,中华文化、阴阳五行术数之源,如太极、八卦、周易、六甲、九星、风水等皆可溯源至此。河图洛书是《周易》的基础,因此历来备受重视。

除了河图洛书以外,属于《易》图的还有先天八卦图、后天八卦图及太极图等。

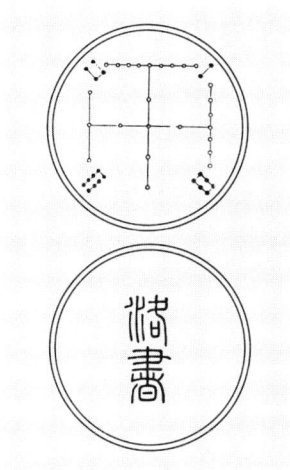

洛书
古称龟书,传说有神龟出于洛水,其甲壳上有此图像

先天八卦图
先天八卦的卦序是:一乾、二兑、三离、四震、五巽、六坎、七艮、八坤

后天八卦图
后天八卦的卦序是:坎一、坤二、震三、巽四、五中宫、乾六、兑七、艮八、离九

5.《周易》之道

根据《系辞传》，简单地说，易道包括天下之道，由天道、地道、人道组成。天道与地道合而言之为"天地之道"；天道、地道、人道合而言之曰"三极之道"。

天道

自殷商时期以来，对"天"的认识经历了一个漫长的历史发展过程。一个倾向是从单谈天道到谈人道，再合天道、人道，从而出现"天人合一"的思想。盘古有训："凡人仰观苍天，无明日月潜息，四时更替，幽冥之间，万物已循因缘，恒大者则为'天道'。"到了战国末期，老子说："天之道，损有余而补不足。"（《道德经》第七十七章）"天道无亲，常与善人。"（《道德经》第七十九章）而后，古代哲学家以人道对应天道，形成一对约定俗成的哲学范畴。如子产曰："天道远，人道迩，非所及也，何以知之？"（《左传·昭公十八年》）西汉人刘向的《管子》中《重令》有言:"天道之数,人心之变。"另一个倾向是从权威之天到人文之天,从神秘之天到自然之天的转变。夏朝及以前,人们普遍认为"天"是最高的统治者、绝对权威。到了殷商之际,人们开始赋予"天"以新的意义,认为天根据统治者是否有"德"而决定其取舍,这就是"皇天无亲,唯德是辅"。社会巨变导致天人学说发生了颠覆式的改变,到了西周末年,甚至出现了怨天以至骂天的思潮,人格神意义的天逐渐被淡化,孟子给"天"下的定义是:"莫之为而为者,天也;莫之致而至者,命也。"而荀子更是主张"明于天人之分","天行有常,不为尧存,不为桀亡",人应"制天命而用之"。

在《周易》中,八卦成列以天地定位为中心,"日、月、星、辰之行,

天道引文表

天道	引文
神秘之天	是以自天祐之,吉无不利。(《易传·系辞上传》第二章)
日月之天	参伍以变,错综其数,通其变,遂成天地之文。(《易传·系辞上传》第十章)遂定天下之象。(同上)天地之道,贞观者也。日月之道,贞明者也。(《易传·系辞下传》第一章)鼓之以雷霆,润之以风雨,日月运行,一寒一暑。(《易传·系辞上传》第一章)
人文之天	天尊地卑,乾坤定矣。(《易传·系辞上传》第一章)明于天之道,而察于民之故,是兴神物以前民用。(《易传·系辞上传》第十一章)
生生之天	在天成象,在地成形,变化见矣。(《易传·系辞上传》第一章)易有太极,是生两仪,两仪生四象,四象生八卦,八卦定吉凶,吉凶生大业。(《易传·系辞上传》第十一章)天地之大德曰生。(《易传·系辞下传》第一章)天地絪缊,万物化醇。男女构精,万物化生。(《易传·系辞下传》第五章)有天地,然后万物生焉。(《易传·序卦传》)

度运数、十日、四时之属，凡丽于天之文者，八卦无不统之"。八卦首先观于天象，将天象日月星辰变化与八卦成象形成对应关系，而所体现出的"天道"（亦称"乾道"），其特点有二：一是"天道下济而光明"；二是"天道亏盈而益谦"。"下济"，"谓降下济生万物"（《周易正义》），所主要体现的天道一是神秘之天，二是日月之天，三是人文之天，四是生生之天。

地道

"地道"亦称"坤道"，主要体现于乾坤对应之道和成就之道。在《周易》六十四卦的排列中，《谦卦》的《彖传》言及："天道下济而光明，地道卑而上行。天道亏盈而益谦，地道变盈而流谦。"就"地道"来说，其特点也有两个方面：一是"地道卑而上行"；二是

地道引文表

地道	引文
乾坤对应之道	乾道成男，坤道成女。（《易传·系辞上传》第一章） 乾以易知，坤以简能。（同上） 天一地二，天三地四，天五地六，天七地八，天九地十。（《易传·系辞上传》第十一章） 天数五，地数五，五位相得而各有合。（《易传·系辞上传》第九章） 乾，天也，故称乎父；坤，地也，故称乎母。（《易传·说卦传》第十章）
成就之道	乾知大始，坤作成物。（《易传·系辞上传》第一章） 坤也者，地也，万物皆致养焉，故曰致役乎坤。（《易传·说卦传》第五章）

"地道变盈而流谦"。万物天生之，地成之，乾卦强调勇猛进取，而坤卦则专注品德操守。生生不息的乾道，需要厚德载物的坤道以成就，天地合，然后才有万物造化；刚健柔顺交融，才能成就君子之德。

人道

圣人之道

在《周易》中，特别是在《易传》中，对理想人格的探讨主要有"圣人""大人""君子"等类型。在《周易》中，"圣人"一词共出现了67次，不仅《周易》为圣人所著，而且圣人即全能之人。

> 圣人设卦观象，系辞焉而明吉凶，刚柔相推而生变化。（《易传·系辞上传》第二章）
>
> 夫易，圣人所以崇德而广业也。（《易传·系辞上传》第七章）
>
> 圣人有以见天下之赜，而拟诸其形容，象其物宜，是故谓之象。圣人有以见天下之动，而观其会通，以行其典礼。（《易传·系辞上传》第八章）
>
> 易有圣人之道四焉：以言者尚其辞，以动者尚其变，以制器者尚其象，以卜筮者尚其占。（《易传·系辞上传》第十章）
>
> 夫易，圣人之所以极深而研几也。（同上）
>
> 圣人以通天下之志，以定天下之业，以断天下之疑。（《易传·系辞上传》第十一章）
>
> 圣人以此洗心，退藏于密，吉凶与民同患。（同上）
>
> 备物致用，立成器以为天下利，莫大乎圣人。（同上）

> 是故天生神物，圣人则之。天地变化，圣人效之。天垂象，见吉凶，圣人象之。河出图，洛出书，圣人则之。（同上）
>
> 天地设位，圣人成能。（《易传·系辞下传》第十二章）

圣人是《周易》中理想人格的最高层次，将超越众生的神圣性、崇高性及独特价值全都赋予了圣人，他通过对自然和社会现象的观察，深察自然、社会之规律，体悟人生智慧，在这个层面上，圣人具有理想化的色彩。

在此基础上，圣人具有对现实的价值认同，在社会中承担的是有君之实、治国之方、爱民如子的"圣王"，体现出封建君王所向往、追求的理想人格、目标和浓厚的儒家思想。"圣人南面而听天下，向明而治，盖取诸此也。"（《易传·说卦传》第五章）从而将圣人经天纬地、弥纶天地之道的功能付诸现实。

君子之道

> 言行，君子之枢机，枢机之发，荣辱之主也。言行，君子之所以动天地也，可不慎乎？（《易传·系辞上传》第八章）
>
> 君子之道，或出或处，或默或语。二人同心，其利断金；同心之言，其臭如兰。（同上）
>
> 劳谦，君子有终，吉。（同上）
>
> 乱之所生也，则言语以为阶。君不密则失臣，臣不密则失身，几事不密则害成。是以君子慎密而不出也。（同上）
>
> 是以君子将有为也，将有行也，问焉而以言，其受命也如向，无有远近幽深，遂知来物。（《易传·系辞上传》第十章）

阳一君而二民,君子之道也。(《易传·系辞下传》第四章)

君子安而不忘危,存而不忘亡,治而不忘乱。(《易传·系辞下传》第五章)

君子安其身而后动,易其心而后语,定其交而后求。君子修此三者,故全也。(同上)

君子道长,小人道忧也。(《易传·杂卦传》)

在《周易》里,关于理想人格的另一个典型就是对"君子"的探讨,单单《易传》出现"君子"一词就上百次,其中以"象辞"最多。可见《周易》对"君子"的重视程度,而"君子"又是儒家的核心范畴,

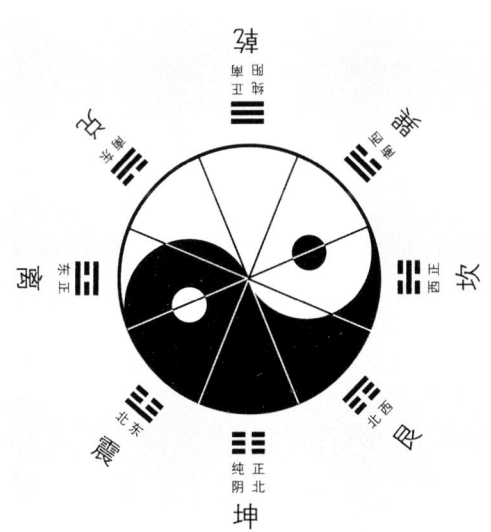

简易
阴阳二爻构成万物卦象之基础

一 源头活水之《周易》| 35

君子"进德""明德""崇德"的品质在《周易》里时常可见。如："象曰：山上有水，蹇。君子以反身修德。"（《易传·蹇·象》）"子曰：'君子进德修业。忠信所以进德也。'"（《易传·乾·文言》）"象曰：明出地上，晋。君子以自昭明德。"（《易传·晋·象》）这明确表达了君子的德行要求，这是君子首先要具备的素质，是"克己修身"和"建功立业"的基础。

除了"崇德"以外，君子还有广业安人、积极有为的道德素质，内在的道德体验终要体现在外在的事功上，"君子以辩上下，定民志"（《易传·履·象》），"君子以振民育德"（《易传·蛊·象》），只有这样，内在修行达到一定高度才能取信于民，在社会政治生活中有所作为。总而言之，《周易》对君子特质的描述与儒家孔子、孟子、荀子的君子之道有着深刻的内在联系，重视德行，既有举止有节的自觉意识，又有积极入世的救世情怀，通过经世致用，真正实现君子的理想人格目标。

"圣人""君子""大人"之学，在《周易》中主要是从人格、境界上说的。在《易传》作者看来，有其德者必有其位，有其位者必有其德："夫古人者，与天地合其德，与日月合其明，与四时合其序，与鬼神合其吉凶，先天而天弗违，后天而奉天时。天且弗违，而况于人乎，况于鬼神乎！"（《易传·乾·文言》）这就是《易传》作者的理想境界。

二 《周易》与儒学

儒圣儒生儒家成，
易学易道易有仁。
学易用易非独善，
兼济天下广施人。

《周易》的含义是多元的。按功能分，有占卜之《周易》，有文化之《周易》，有术数、方技之《周易》；按学派分，有儒学之《周易》，有诸子之《周易》，有道教、佛教之《周易》等。本书所重点强调的是传统文化中占主导地位的儒家文化系统中的《周易》，主要从属于传统的经学。

1. 孔子学《易》
——损益之道

孔子(公元前551～前479年),名丘,字仲尼,鲁国陬邑(今山东曲阜东南)人,春秋末期思想家、政治家、教育家,儒家学派的创始人。

班固在所撰《汉书·艺文志》的《六艺略》中,将孔子对易学的重视说得很明白。班氏曰:"孔氏为之《彖》《象》《系辞》《文言》《序卦》之属十篇。故曰《易》道深矣,人更三世,世历三古。"在《史记·孔子世家》里,司马迁亦云:"孔子晚而喜《易》,序《彖》《系》《象》《说卦》《文言》。读《易》,韦编三绝。曰:'假我数年,若是,我于《易》则彬彬矣。'"因此古人一般认为《十翼》为孔子所作。

而孔子自己尚是"老而好《易》""晚而喜《易》"。在《礼记·经解》中,孔子曰:"入其国,其教可知也。其为人也,温柔敦厚,《诗》教也;疏通知远,《书》教也;广博易良,《乐》教也;静精微,《易》教也……静精微而不贼,则深于《易》者也。"现因帛书《易传》的关系,确切知道孔子晚年回到鲁国之后专注于研究《周易》,而且将

《周易》放在身边，"居则在席，行则在橐"，达到爱不释手的地步，这就是读《易》"韦编三绝"所反映的情况。

五十学《易》无大过

众所周知，《周易》在先秦已成为经典，孔子曰："夫《易》，何为者？夫《易》开物成务，冒天下之道，如斯而已者也。是故圣人以通天下之志，以定天下之业，以断天下之疑。""《易》其至矣乎！夫《易》圣人所以崇德而广业也。知崇礼卑，崇效天，卑法地。天地设位，而《易》行乎其中矣。成性存存，道义之门。""圣人立象以尽意，设卦以尽情伪，系辞焉以尽其言，变而通之以尽利，鼓之舞之以尽神。""乾坤，其《易》之门邪！"这是孔子对《易》的整体把握和体认。关于《易》之功用、《易》之意义以及把握《易》之要领等易学研究的重大问题，孔子都提出了他自己的独到见解，为易学研究向义理方向发展奠定了基础。而在孔门经典《论语》中，述及孔子与《易》之关联的仅有两处，分别是：

子曰："加我数年，五十以学《易》，可以无大过矣。"（《论语·述而》）此处可以看出孔子认为《周易》能帮助进德修业，提供人生指南。另在帛书《易传》中言称：子曰："假我数年，卒以学《易》，可以无大过矣。"可知此"五十"并非具体年龄。朱熹在《四书章句集注》中已明确指出这是讹误的结果。学《易》，是孔子的谦辞，"可以无大过"重在修德正己。此句大意为："只要让我有多几年的时间，最终能对《周易》的义理有深入的体会，这样便可以免除犯重大过失的隐患了。"

子曰："南人有言曰：'人而无恒，不可以作巫医。'善夫！""不恒其德，或承之羞。"子曰："不占而已矣。"（《论语·子路》）孔子十分重视德行的修为，在此段话中，他借用《周易》中的恒卦之九三爻辞来说明恒心的重要性。孔子以南人无恒心、不可做巫医的话来强调卦爻辞对道德修养的意义，同时又认为善学《易》的人是不去占筮的，《周易》更重要的用处是在于提高人的道德境界，而不是用来卜筮问吉凶祸福的。孔子特别强调《周易》书中蕴涵的义理，认为它可以供人们去探索、玩味、体会、实行，而且还说"吾好学而才闻要，安得益吾年乎"，足见《易》理之深邃，学《易》之不易。

因材施教以授《易》

《周易》义理隐幽精微。孔子教学，遵循因人而异，不拘一格。进学次序和修身门径应该是先易后难，孔子说："兴于《诗》，立于《礼》，成于《乐》。"（《论语·泰伯》）这是针对一般而言，而《周易》义理隐幽精微，不宜初学者和人人皆学，故在此未提。但这绝不意味着不重视《周易》。《史记·仲尼弟子列传》载："孔子曰：'受业身通者七十有七人。'"参照《史记·孔子世家》"孔子以《诗》《书》、礼、乐教，弟子盖三千焉，身通六艺者七十有二人"，"六艺"自然包括《易》。

可见，孔子也曾以《易》教授弟子，《史记·仲尼弟子列传》和《汉书·儒林传》所载儒家传《易》谱系中之人，商瞿、馯臂、矫疵（桥庇）、周竖（周丑）和光羽（孙虞）等均属先秦儒家，他们当善《易》、重《易》。在孔子门人当中，商瞿最喜研究《易》，也是对《易》最有研究的一个。孔子晚年研《易》并授商瞿《易》。《史记·仲尼弟子列传》云："商瞿，鲁人，字子木。少孔子二十九岁。孔子传《易》于瞿，瞿传楚人犴臂子弘……何元朔中以治《易》为汉中大夫。"司马迁又在《史记·儒林列传》里言及："自鲁商瞿受《易》孔子，孔子卒，商瞿传《易》六世至齐人田何。"班固在《汉书》卷八十八《儒林传》中曰："自鲁商瞿子木受《易》孔子，以授鲁桥庇子庸。子庸授江东犴臂子弓……"可见司马迁和班固都认同商瞿是孔子的易学传人，易学得以传承延续。

除了商瞿以外，还有子夏可能亦随孔子学《易》。子夏曾作《易传》，有《子夏易传》一书，《隋书·经籍志》有记载："周文王作卦辞，谓之《周易》，周公又作《爻辞》，孔子为《彖》《象》《系辞》《文言》《序卦》《说卦》《杂卦》，而子夏为之传。"据《孔子家语卷四·六本第十五》中记载："孔子读《易》至于损益，喟然而叹。子夏避席问曰：'夫子何叹焉？'"在听了孔子的论述后，子夏言道："商请志之，而终身奉行焉。"在刘向的《说苑·敬慎》中有相似的记载：当听了孔子的对损益之道的论述后，子夏曰："善，请终身诵之。"《后汉书·徐防传》记载徐防上疏曰："臣闻《诗》《书》、礼、乐，定自孔子；发明章句，始于子夏。"司马贞在《史记索隐·仲尼弟子列传》中曰："子夏文学著于四科，序《诗》传《易》。"宋代洪迈《容斋续笔》卷一四云："孔子弟子，惟子夏于诸经独有书。"朱彝尊《经义考》卷二八一曰："子夏兼通六艺。"而其他弟子基本上有所习而未能承传。可见，子夏能够懂《易》，把握到孔子说《易》之精神，注重卦爻辞所蕴涵的道德意义，体悟其深意。

此外，曾子亦可能学到孔子之易学思想。首先，曾子甚得孔子之道。《论语·里仁》言："子曰：'参乎，吾道一以贯之。'曾子曰：'唯。'子出，门人问曰：'何谓也？'曾子曰：'夫子之道忠恕而已矣！'"故曾子深得孔子之器重。其次，孔子逝世时，曾子虽年仅二十多岁，但却在众弟子中享有较高威望。《孟子·滕文公上》言："昔孔子没，子夏、子张、子游以有若似圣人，欲以所事孔子事之，强曾子，曾子曰：'不可。'"说明在谈及孔子以后应立何人为师的重大问题上，曾子的意见被放置于举足轻重的地位。再次，从《论语》中可以看到共计有曾子之语及提到曾子之名者凡十七。孔子众弟子皆直述其名，唯有若与曾参二人被称为"子"，以师长而尊之，见其《论语》为有若、曾参之弟子门人所编订，可以看出，曾子对《论语》的编撰起了重要作用，而又根据曾子其子和再传弟子有子思、孟子等人，说明曾子的思想是承孔子而延续至子思、孟子的。最后，孔子说"不在其位，不谋其政"时，曾子即以《周易》中的艮卦《象》辞"兼山，艮，君子思不出其位"来概括孔子之言。因此可见孔子不仅自己研《易》习《易》，亦有弟子得以传续。

损益之道尤重之

《周易》的损益之道，是孔子研究《易经》形成的重要思想。损益之道在孔子的思想体系中占有举足轻重的地位。《论语》中有两条谈到人事损益的文字，可见对损、益二卦的重视，用损益之道来指导修身。

孔子曰："益者三友，损者三友。友直，友谅，友多闻，益矣。友便辟，友善柔，友便佞，损矣。"孔子曰："益者三乐，损者三乐。乐节礼乐，乐道人之善，乐好贤友，益矣。乐骄乐，乐佚游，乐宴乐，损矣。"(《论语·季氏》)

孔子讲的"三益三损"，是以损益之道来象征修身之道，将易道与日常生活联系起来，提出自己对修身损益之道的见解。不少传世文献记载了孔子读《易》重视损、益二卦的事实，除了前面提到的《孔子家语卷四·六本第十五》和《说苑·敬慎》，在《淮南子·人间》中亦有提及。孔子论损益之道，也主要是以损、益二卦为本体以推定人们的政治及伦理。孔子感叹人们不理解《易经》中损益之道的原理，所以他说："非道益之谓也，道弥益而身弥损。夫学者损其自多，以虚受人，故能成其满博哉。天道成而必变，凡持满而能久者，未尝有也。故曰：'自贤者，天下之善言不得闻于耳矣。'"以为自损者益，自益者缺。益的开始是吉，结局是凶，损的开始是凶，结局是吉，从损益的祸福互转的微妙关系中，可以掌握天地万物变化的原理，这不仅蕴涵了政治哲学，亦含有人生哲学。

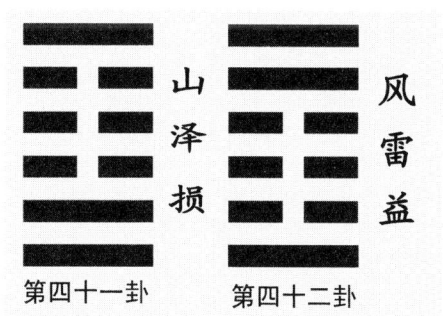

损益之道
损益两卦，相互制衡

卦象	卦辞	卦义
损	损（兑下艮上）：有孚，元吉，无咎，可贞，利有攸往。曷之用？二簋可用享 初九：已事遄往，无咎；酌损之 九二：利贞。征凶。弗损，益之 六三：三人行，则损一人；一人行，则得其友 六四：损其疾，使遄，有喜，无咎 六五：或益之十朋之龟，弗克违。元吉 上九：弗损，益之。无咎，贞吉，利有攸往。得臣无家	卦辞：减损之道，心存诚信 初九：既往不咎，斟酌当下 九二：损益适当，改革适中 六三：孤阳不生，孤阴不长 六四：减损疾病，有喜速来 六五：十朋之龟，至为吉祥 上九：增损有道，固守正吉
益	益（震下巽上）：利有攸往，利涉大川 初九：利用为大作，元吉，无咎 六二：或益之十朋之龟，弗克违。永贞吉。王用享于帝，吉 六三：益之用凶事，无咎。有孚，中行告公用圭 六四：中行告公从，利用为依迁国 九五：有孚，惠心，勿问，元吉。有孚，惠我德 上九：莫益之，或击之。立心勿恒，凶	卦辞：损上益下，民用无疆 初九：增益之道，大有作为 六二：十朋之龟，永久吉利 六三：持中而行，恭敬笃信 六四：持中而行，顺从民意 九五：心存诚意，怀抱爱心 上九：心无定准，遭致凶险

小知识◎经学

　　经学指训解、阐述和研究儒家经典之学。经指《易》、《书》、《诗》、《乐》、《春秋》、《孝经》、《尔雅》、"三礼"、《春秋》三传、"四书"等儒家经典，故系统地研究、探讨儒家群经之学即称为经学。它包括研究和探讨儒家经典产生、流传演变和发展的历史，对经传文字、名物度数的训诂，对经传义理的阐释发挥，对经书的考据等。

◎六艺

　　1. 西汉贾谊的《新书·六术》云："《诗》《书》《易》《春秋》《礼》《乐》六者之术谓之六艺。"《史记·滑稽列传》云："孔子曰：'六艺于治一也。《礼》以节人，《乐》以发和，《书》以道事，《诗》以达意，《易》以神化，《春秋》以义。'"颜师古注曰："六艺，六经也。"

　　2. "六艺"除指"六经"外，另指古代学校教育的内容即六门课程。《周礼·地官司徒·保氏》："保氏掌谏王恶；而养国子以道，乃教之六艺：一曰五礼，二曰六乐，三曰五射，四曰五驭，五曰六书，六曰九数。"即以礼、乐、射、驭（御）、书、数六种基础的知识和技能作为"六艺"教育内容。

2. 孟子谈《易》
——乾坤与德行

孟子（约公元前372～前289年），名轲，字子舆（一说字子车或子居），战国时期鲁国人。《史记》关于孟子生平的记载，只有短短一百多字，但是他继承并发扬了孔子的思想，成为仅次于孔子的一代儒家宗师，有"亚圣"之称，与孔子合称为"孔孟"。

孟子并未留下对《周易》进行专门研究的著作，他的易学思想主要是体现于他的思想之中，成为他思想的理论渊源之一。《孟子》一书中虽然未提到《周易》，但是我们并不能认为孟子与《周易》毫无关系。事实上，《孟子》书中的许多思想与《周易》紧密相关，参见下表：

《孟子》与《周易》对比表

《孟子》	《周易》
"天时""地利""人和"（《公孙丑下》）	"三才之道"（《系辞下传》）
"舍生而取义"（《告子上》）	"致命遂志"（《困·象》）
"养心莫善于寡欲"（《尽心下》）	"惩忿窒欲"（《损·象》）
"至大至刚"的"浩然之气"（《公孙丑上》）	"立不易方"（《恒·象》） "独立不惧"（《大过·象》） "确乎其不可拔"（《文言·乾》）
"孔子，圣之时者也"（《万章下》）	"与时偕行"（《文言·乾》）
"生于忧患而死于安乐"（《孟子·告子下》）	"恐惧修省"（《震·象》） "惧以终始"、"安而不忘危"（《系辞下传》） "思患而豫防之"（《既济·象》）

虽然自孔子始，对《周易》的理解更加理性化和看重其义理层面的价值，但一般民众仍视《周易》为卜筮之书，孟子恐受误会，故在书中不提《周易》，而把《周易》的精髓融入他的思想之中。赵岐在《孟子题辞》中言及：孟子"通五经"。程子曰："知《易》者莫如孟子。"朱子《孟子集注·孟子序说》自注引以为说："'孔子圣之时者也。'故知《易》者莫如孟子。"杭辛斋先生认为，《孟子》"深得《易》理之精"（《读易杂识·诸子之易》）。

在此对《周易·乾卦》中的"天行健，君子以自强不息"的精神对孟子的理想人格"大丈夫"的影响作简要分析。

从乾卦的全卦六爻来看，乾是大阳大刚之物，而整个乾卦都是强健不息、不断发展变化的，各爻所凸显出的关键（潜、见、惕、跃、飞、亢）都具有普遍性的指导意义。而《乾·象》曰："天行健，君子以自强不息。"此为大象，这是圣人设卦以写万物之总象。天有纯刚，故能健用，这里就是激励人效法"天"或"龙"的刚健精神，永远不断地努力进取，即使遇到颠沛流离、困难逆境，也要不屈不挠，前进不息，如孔子所言"逝者如斯夫，不舍昼夜"（《论语·子罕》）。而"大丈夫"人格是孟子的首创，认为培养大丈夫人格应善养"浩然之气"，使自己的精神境界获得升华；内心充盈自信，外在即表现为一种大无畏的气概。他在回答学生公孙丑的提问"何为浩然之气"时说："难言也。其为气也，至大至刚，以直养而无害，则塞于天地之间。"《孟子·公孙丑上》说浩然之气，至大是最为广大，至刚是无比刚健，"君子终日乾乾"地用正义去培养，配以仁义和道德，它就能充塞于天地之间。这和《象传》说的"大哉乾元，万物资始，乃统天"的气势是异曲同工的。

此外，《大学》与《中庸》是《礼记》中的两篇，却是儒家的重要经典，特别是南宋的朱熹将它们与《论语》《孟子》合成"四书"之后，其地位更加突出。《大学》相传是孔子弟子曾参所作，《中庸》相传为子思所作，已化为上古圣人之道统的"孔门心法"："人心惟危，道心惟微，惟精惟一，允执厥中。"在里面亦可看到易学的痕迹，它们是纳易学入儒学、用易学思想充实儒家思想并使之融为一体的典范。

3. 荀子用《易》
——天道与人性

荀子（约公元前313～前238年），名况，时人尊而号为"卿"，赵国人，战国后期杰出的思想家和儒学大师。曾周游齐、楚、秦等国。在齐，三为稷下祭酒（学宫之长）；在楚，任为兰陵（今山东苍山县兰陵镇）令。

荀子善《易》，史据自古有之。刘向《荀子叙录》曰："孙卿善为《诗》《礼》《易》《春秋》。"东汉应劭《风俗通义·穷通》从之。清代汪中《述学·补遗·荀卿子通论》曰："荀卿之学出于孔氏，而尤有功于诸经……盖自七十子之徒既殁，汉诸儒未兴，中更战国、暴秦之乱，六艺之传赖以不绝者，荀卿也……盖荀卿于诸经无不通，而古籍阙亡，其授受不可尽知矣。"康有为指出："传经之功，荀子为最多。"李学勤在《帛书〈周易〉与荀子一系〈易〉学》指出："不管怎样，荀子在齐襄王即位（公元前283年）以前，已以善《易》著称。"

在《荀子》一书中亦谈到《周易》，有多处引《易》论《易》，如在《荀子·大略》里言及"善为《诗》者不说，善为《易》者不占，善为《礼》者不相，其心同也"，"以贤易不肖，不待卜而后知吉"，可以看到荀子并不把《周易》作为推断吉凶祸福的典籍，这深得孔子"不占而已""观其德义"的儒家人文易学宗旨，也与帛书《易传·易之义》中提出的"无德而占，则《易》亦不当"契合。荀子又引用小畜初九爻辞"复自道，何其咎"说明《春秋》所以以秦穆公为贤，皆因他能悔过自新。而在《荀子·非相》中，引用坤卦六四爻辞"括囊""无咎无誉"讥讽"腐儒"。"故《易》曰：'括囊无咎无誉。'腐儒之谓也。"乃至荀子所确立的著名命题"明于天人之分"，提出"天有其时，地有其财，人有其治，夫是之谓能参"的观点，亦是《周易》中关于天、地、人"相参"的观念的展开，"《易》之为书也，广大悉备，有天道焉，有地道焉，有人道焉。兼三才而两之，故六。六者非它也，三才之道也。"（《周易·系辞下传》）这里强调分别贯之于天、地、人而成天道、地道和人道，集中表述了人与天地"相参"的道理，从而提出"天人相分"的观点。

可见，在荀子这里，他致力于强调和倡导《周易》内在的人文精神，而不是把《周易》一书的功能仅仅停留在象数与占筮，认为它是卜筮之书。

小知识◎稷下学宫

　　"稷"是齐国国都临淄一处城门的名称,战国时期,这里曾屹立着一所具有相当规模、具有询议和一定学术功能的名校。稷下学宫学者云集,如邹衍、淳于髡、田骈、孟子、慎到、申不害、邹奭、荀子等。他们议论时政、辩论学问、交流学术、广招弟子、聚徒讲学,形成了一股具有深远影响力的尊师重教、学术自由、灵活开放的学风。

4. 董仲舒神《易》
——儒术与谶纬

汉代易学流派

秦代虽焚书,却不焚易书;汉代随着经学的兴起,亦成了易学发展的重要阶段。由于统治者的重视,易学研究在汉代出现了极盛时期。《易经》被定为五经之首,研究《周易》的学派众多,汉武帝又设立了《易经》"博士","博士"们纷纷注《易》,每个人"我注六经,六经注我",使得对《易经》内容的阐释越来越丰富,确立起《易经》"六经之首、大道之源"的学术地位。后来,《易经》成为科举考试的科目,许多人把读《易经》当成了追名逐利的敲门砖。易学不断发展,历时两千余年,形成了许多流派,如象数派、义理派等。易学出现了明晰的师承脉络。汉代易学解经的方式大致有三种:一是以孟喜、京房为代表的官方易学,惯以奇偶之数和八卦所象征的物象来解说《周易》经传文，利用《周易》大讲阴阳灾变。二是民间费高易学，反对阴阳灾变说，着重阐述《周易》中的义理。三是道家黄老的易学，着重讲阴阳变易的哲学道理。三派之中孟京易学影响最大，史称象数之学。

到了东汉时，易学又有了新变化。首先是作为官方学派的孟京易学势力衰微，而作为民间学派的费氏易学兴盛；其次，费氏易学与孟京易学出现了合流趋势，形成了以五行的生数和成数解释《周易》中的象和数的五行生成说。

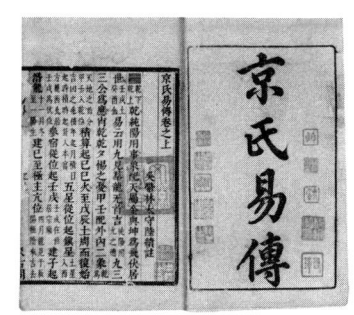

《京氏易传》
西汉京房撰，三国吴陆绩曾注此书

而郑玄融合了孟京易学、费氏易学，形成了郑玄、荀爽和虞翻以象数解《易》的三大家。《后汉书·郑玄传》称："门人相与撰玄答诸弟子问五经，依《论语》作《郑志》八篇。凡玄所注《周易》《尚书》《毛诗》《仪礼》《礼记》《论语》《孝经》《尚书大传》《中候》《乾象历》，又著《天文七政论》《鲁礼禘祫义》《六艺论》《毛诗谱》《驳许慎五经异义》《答临孝存周礼难》，凡百余万言。"到曹魏时期的王肃，其解《易》已十分注重义理而略于象数，文字简明，成为晋代王弼易学的先河。与王肃同时的虞翻，发展了卦气说，引进了一些新体例，并以变卦说解释《周易》经传，将汉易象数之学推到新的境界。此外东汉末年，道家黄老学派逐渐演变为道教，黄老易学也逐渐与炼丹学说结合起来了。东汉末年魏伯阳著《周易参同契》，开始以《周易》原理解说炼丹的理论和方法，提出了月体纳甲说，即以八卦或六十四卦配干支和日数，以月亮的盈亏来说明炼丹运火的程序，成为道教易学的先驱。

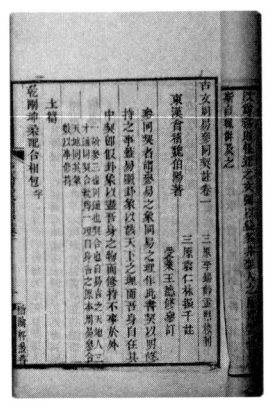

《周易参同契》
葛洪在《神仙传》中说:"伯阳作《参同契》《五相类》,凡二卷。"此书是用《周易》理论、道家哲学与炼丹术(炉火)三者参合而成的炼丹修仙著作

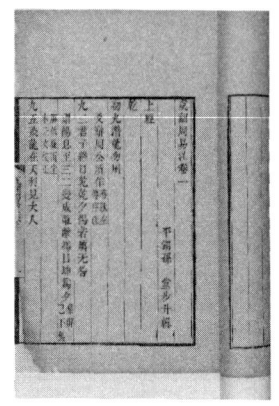

虞翻《周易注》
虞翻于经学颇有造诣,尤其精通《易》。《隋书·经籍志》《旧唐书·经籍志》著录虞注《周易》九卷

董仲舒易学

董仲舒(公元前179~前104年),广川(今河北景县西南,一说今河北省枣强县)人,西汉今文经学大师,汉代新儒学的奠基者。

董仲舒生平以讲学著书为主,勤治《春秋公羊传》,研究其中的"微言大义",又通晓《周易》,研习其中的"天人之学"。他认为:"《易》无达占,《春秋》无达辞。"(《春秋繁露·精华》)"《诗》《书》明其志,《礼》《乐》纯其养,《易》《春秋》明其知。"(《春秋繁露·玉杯》)因此,在他看来,《春秋》善言人事而上达天道,《周

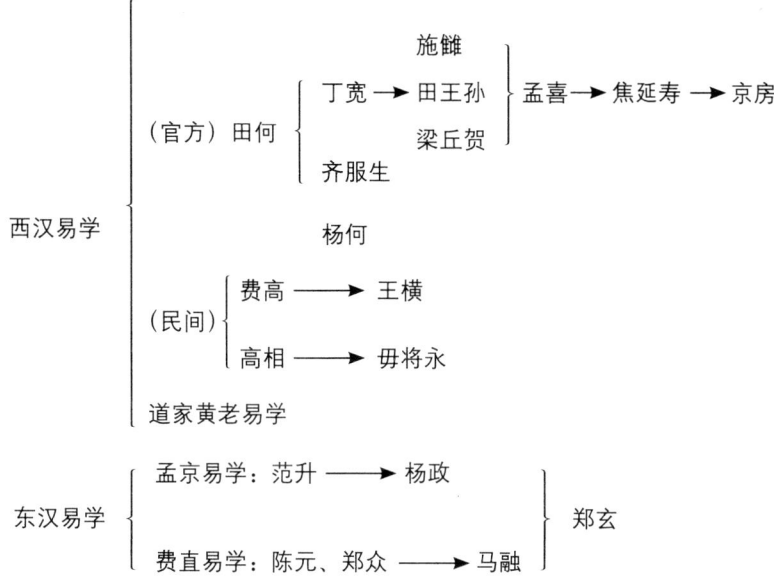

易》善推天道而落实于人事，故董仲舒效法八卦中的乾坤和五行之气，按阴阳变易法则而制定所宣扬的"仁义礼智信"五常，宣扬"天人感应"说。学术界认为其哲学思想可谓天命论与阴阳五行说结合的产物。

首先，董仲舒把人性分为圣人之性、斗筲之性、中民之性。"圣人之性，不可以名性。斗筲之性，又不可以名性。名性者，中民之性。中民之性如茧如卵。卵待覆二十日而后能为雏；茧待缲以涫汤而后能为丝；性待渐于教训而后能为善。"（《春秋繁露·实性》）这不可否认是受《易传》中关于"继善成性"的人性论思想的影响。他说："天、地、人，万物之本也。天生之，地养之，人成之。"（《春秋繁露·立元神》）人的作用是完成天地的未竟之功。他又言"善如米，性如禾。禾虽出米，

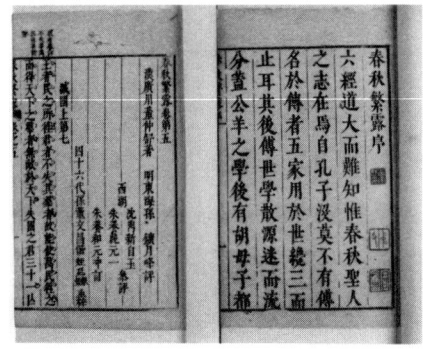

《春秋繁露》
《春秋繁露》宣扬"天人合一""天人感应"的神学目的论,把自然现象和社会现象进行神秘化的比附,用五行相生相胜的关系来附会社会人事,大力宣扬"天人感应"说

而禾未可谓米也。性虽出善,而性未可谓善也。米与善,人之继天而成于外也,非在天所为之内也。天所为,有所至而止。止之内谓之天,止之外谓之王教。王教在性外,而性不得不遂。故曰:性有善质,而未能为善也"。(《春秋繁露·实性》)明确提出人性是继天之善而成。

此外,关于儒家人文思想的一个重要观念"礼",董仲舒认为"礼"仍是"继天地,体阴阳"的,最核心的仍是一个"继"字。"礼者,继天地,体阴阳,而慎主客;序尊卑贵贱大小之位,而差内外远近新旧之级者也。"(《春秋繁露·奉本》)在此基础上,董仲舒提出了他的最重要的观点:"人副天数。"

> 人有三百六十节,偶天之数也;形体骨肉,偶地之厚也。上有耳目聪明,日月之象也;体有空窍理脉,川谷之象也;心有哀乐喜怒,神气之类也。观人之体,一何高物之甚,而类于天也!物旁折取天之阴阳以生活耳,而人乃烂然有其文理。是故凡物之形,莫不伏从旁折天地而行,人独题直立端尚,

> 正正当之。是故所取天地少者，旁折之；所取天地多者，正
> 当之。此见人之绝于物而参天地。（《春秋繁露·人副天数》）

在《春秋繁露》中，董仲舒不断征引《周易》之经传精义以解释自然与社会的对应关系，特别是把主管四季变化之五行说成君臣父子之道的体现。其中表达了天人之间的一种辩证关系。这个思想观念渊源于《易传》天人观。

> 天地之大德曰生。（《易传·系辞下传》）
> 有天地，然后有万物；有万物，然后有男女；有男女，然后有夫妇；有夫妇，然后有父子；有父子，然后有君臣；有君臣，然后有上下；有上下，然后礼仪有所错。（《易传·序卦传》）

在董仲舒看来天地是人类之所"本"（本源和基础），而人类则是天地之所"至"（发展和完善）。这就是"天人本至"的思想。他在《天人三策》中说：

> 人受命于天，固超然异于群生，入有父子兄弟之亲，出有君臣上下之谊，会聚相遇，则有耆老长幼之施，粲然有文以相接，欢然有恩以相爱，此人之所以贵也。（《第三策》）

因此董仲舒将自然与社会、人文与宇宙结合起来，这不仅仅是来源于诸子百家思想的综合与西汉时代现实因素的影响，也是继承和发展了《易传》人文化成的观念，反映了自然世界是人类社会进行文化

创造的本源和基础，人类文化是宇宙演化的发展和完善。

小知识◎博士

  这个"博士"不同于今天的"博士"。在汉之前，"博士"原为通古今、备咨询的顾问官员。自太学设立后，始成为专职学官，掌经学传授，同时亦参与政事议论或奉使以及巡视地方政教之类，因此"博士"是指汉代太学的教师，特指"五经（《诗》《书》《礼》《易》《春秋》）博士"。它不仅是一种官职，而且相当有社会地位。

5. 郑玄合《易》
——象数与义理

郑玄（127～200年），字康成，北海高密（今山东高密西南）人，东汉末年经学大师、易学大家。

郑玄在易学方面，博通今文、古文经学，且精于天文历算。他精通京氏易学，传承费氏易学，合流今古文之学，训《易经》，注《易纬》，被称为象数派。他著有《易论》《易赞》，并为《周易》、《周易乾凿度》（又称《易纬乾坤凿度》）、《乾象历》、《尚书》、《毛诗》、《仪礼》、《周礼》、《礼记》、《论语》、《孝经》等作注，此外，著有《六艺论》《驳许慎五经异义》《天文七政论》等。著作多已散佚。

郑玄主要是以爻辰说解释《周易》经传。以乾坤十二爻辰为依据，认为其他各卦的爻辰，逢九从乾爻所值，逢六从坤爻所值，并通过爻辰说追求卦爻辞同卦爻象之间的内在联系。此说颇牵强，使得易学变成烦琐的经学。

此外，郑玄还以五行说解释《周易》的筮法，即以五行说解释《周易》中的象和数。吸收了刘歆《三统历》中把《周易》中的数同五行联系起来的观点以及京房以五行解释八卦爻位的观点，用以解释《系辞传》中的大衍之数和天地之数。以水、火、土、金、木五行相生的顺序，解释《系辞传》中天地之数的排列顺序，以五行生成之数解释大衍之数，并以天地之数配五行，又配四方，表示一年气候的变化。以五行生成说解释《易传》中的天地之数和大衍之数，将大衍之数看成是五行之气生化万物的法则，将筮法中的阴阳奇偶之数，推衍为五行之气的生数和成数。以"二五阴阳之合"说明万物的形成，以五行之数

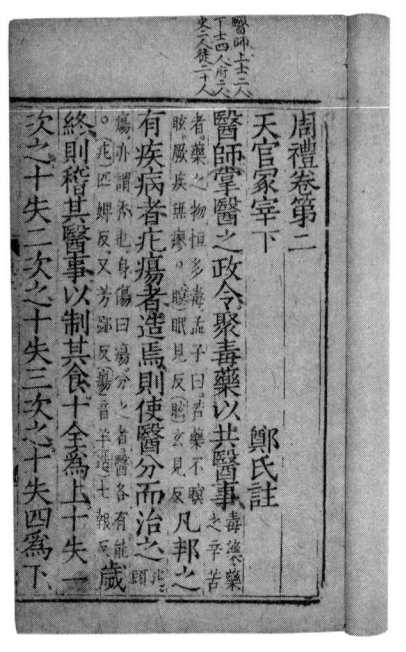

郑玄注《周礼》
郑玄以毕生精力注释儒家经典，《后汉书·郑玄传》说，郑玄遍注《周易》《尚书》《毛诗》《仪礼》《礼记》《论语》《孝经》等，共百余万言

的变化解释生死和鬼神，认为生命的变化，同一年四季的变化相一致，大衍之数来自天地之数。

6. 王弼唱《易》
——"三玄"经典道有无

魏晋时期，玄学以道为主，儒道结合，以老庄思想解说儒家经义，对这一时期的儒家经学产生了重要影响，使经学一定程度地玄学化，因此易学开始了新的转向。大体说来，由两汉的重象数转向了魏晋的重义理，玄学派的易学成为魏晋易学的主流。魏晋玄学易学实质上是道家易学和费氏易学结合的产物。

王弼（226～249年），字辅嗣，魏国山阳（今河南省焦作市山阳区）人，魏晋玄学理论的奠基人。王弼"幼而察慧，年十余，好老氏，通辩能言"。他的一生虽很短暂，但学术成就卓著。他著有《周易注》《周易略例》《老子注》《老子指略》《论语释疑》等。

王弼在学术上很有创见，他站在玄学家的立场，力图把《周易》玄学化，他被视为玄学易学的创始人。王弼对《周易》的《经》上、下篇都作了注，共六卷；而对《文言传》《彖传》《象传》加注，只突出"传"之义理以阐发"经"义。至于《系辞传》《说卦传》《序卦传》《杂卦传》，均不下注，后来由东晋的韩康伯继续注解。他用老庄义理解经，取代烦琐的传注训诂，为《周易》《论语》等儒家经典作注。著《周易注》《周易略例》，以玄理解《易》，独宗义理，一扫术数，倡《周易》之义理学，把象数之学改变为思辨哲学。但王弼尚玄学，其义理含有老庄思想，以道家玄理发展了儒家思辨哲学之不足。

在注《周易》时，王弼的易学观主要表现在两个方面：一是对古文经学派解易风气的阐发；二是以玄学观点即老庄哲学观点解释《周易》中的卦爻辞。他以《易经》和《易传》作为玄学的重要组成部分，师承古文经学的解易学风，一改汉人支离烦琐的传统方法，不用象数，而用老庄的观点来解释《易经》的爻辞。以"自然无为""归根曰静"等思想解释《彖传》文字，以"忘象以求意"说解释易学中的取义学说，寻求《周易》经和传中的抽象原则。清代"四库馆"学者评论道："《易》本卜筮之书，故末派浸流于谶纬。王弼乘其极敝而攻之，遂能排击汉儒，自标新学。"（《四库全书总目·周易正义》提要）他主张重视取义，重视《周易》经传文中抽象的原则，阐发了《系辞传》所说"其称名也小，其取类也大""其事肆而隐"等观点，以其中一爻为主，即全卦的意义主要由其中一爻之义所决定。重视爻象的变化，无一成不变的形式，爻义的变化，亦无既定的公式。并且认为义变动不居，并要懂得辨位。在此基础上，王弼用自己的玄学观点自然无为、乾坤用形、动息则静、得意忘象、释大衍义解易，在学术上开一代新风——"正始玄风"，从而开创了后世以义理解《易》的先河。

不得不提的是，王弼虽生命如同昙花一现，于正始十年(249年)遭疠疾亡，年仅二十四岁，但是他所建立的本体论哲学研究，包括世界观和认识论、方法论，无疑是我国哲学史上一座伟大的里程碑。三国时期魏国玄学家何晏曾叹称："仲尼称后生可畏，若斯人者，可与言天人之际乎！"（《三国志·魏志·钟会传》）

小知识◎ "竹林七贤"

《世说新语·任诞》:"陈留阮籍、谯国嵇康、河内山涛三人年皆相比,康年少亚之。预此契者,沛国刘伶、陈留阮咸、河内向秀、琅邪王戎。七人常集于竹林之下,肆意酣畅,故世谓'竹林七贤'。"

"竹林七贤"是中国魏晋时期七位名士(嵇康、阮籍、山涛、向秀、刘伶、王戎及阮咸)的合称,成名年代比"建安七子"晚一些。七人的政治思想和生活态度不同于建安七子,他们大都"弃经典而尚老庄,蔑礼法而崇放达"。其中,嵇康和阮籍的成就最高。

7. 孔颖达集《易》
——儒易楼台风雨中

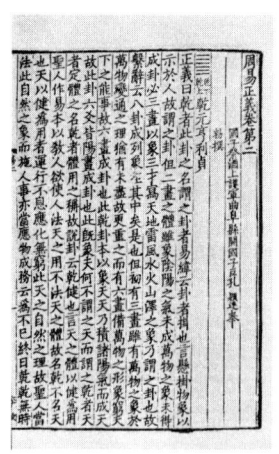

《周易正义》
魏王弼、晋韩康伯注，唐孔颖达正义，是唐代科举取士的标准用书，长期立于学官，也是易学史上除《易经》《易传》以外的重要典籍

隋唐时期，随着政治上的统一，经济上的繁荣，文化也进入了融合时期。唐代孔颖达的《周易正义》、李鼎祚的《周易集解》，便是两部融会魏晋南北朝各派易学观点的易学典范作品。《周易正义》一方面推崇玄学易学，一方面吸收各家观点，对之进行修正，提出了"易含万象""不可一例求之，不可一类取之"的原则，并将玄学易学贵无贱有论发展为崇有论，以阴阳二气解释乾坤二元，以元气说解释太极，提出以气为核心的世界观，并以"自然无为"来解释"一阴一阳之谓道"，提出"无阴无阳乃谓之道"的新命题。认为阴阳二气自然本有，其开通万物的品德是自然而不造作，故把道看作是"自然无为"

的称号。《周易集解》汇集了汉易以来各学派的注解，对义理派的观点也不加评析地收集其中，是一本很好的资料汇编。这两部易学巨著的出现，表明易学正走向融合的新动向。

另外，唐代佛、道二教中的一些人物也援引《周易》卦象解说其教义。道教解易系统内便出现了《上方大洞真元妙经图》等著作。

孔颖达（574～648年），字冲远（一作仲达、冲澹），冀州衡水（今河北衡水）人，唐朝经学家。孔颖达在经学上的最大成就是奉诏编纂《五经正义》，即《周易正义》《尚书正义》《毛诗正义》《礼记正义》《春秋左传正义》，为经学的统一和汉学的总结做出了卓越贡献。

由于关于《周易》的经注，西汉的梁丘氏、施氏、高氏之学，都已亡于西晋，而京氏、孟氏流于谶纬灾祥，学者不传。南北朝唯传郑玄、王弼易注，后逐渐演化成"辞尚虚玄，义多浮诞"，或"义涉释氏"，背本、违法，郑玄讲爻辰象数，王弼讲玄学义理，义例明备，"独冠古今"，故孔颖达《易》用王注。《周易正义》由孔颖达奉太宗之命主持，得到了博学诸儒的通力合作。参加修《周易正义》的有颜师古、司马才章、王恭、马嘉运、赵乾叶、王琰、于志宁等，就南朝十余家"义疏"进行整理删订，写成此书。故卷首又题曰《周易兼义》，意指兼取诸家"义疏"。其书初名《周易义赞》，后奉诏改为《周易正义》。所谓"正义"，是就一家之经注作疏解，因其为朝廷颁行学校之讲义，故称"正义"。

《五经正义》
唐代颁布的一部官书。五经指《诗》《书》《礼》《易》《春秋》。汉武帝时正式将这五部书宣布为经典

8. 邵雍授《易》
——道生儒师弟子传

北宋易学流派

宋代经学的最大变化是使《孟子》由子入经，列于经典之中。宋光宗绍熙年间（1190～1194年），合刻注疏本"十三经"问世，这是首部关于经学"十三经"的丛书。现通行的《十三经注疏》是清阮元据宋本主持校刻的善本，中华书局1979年据原世界书局缩印阮刻本影印，并作了校勘，重新排印了叶圣陶编的《十三经索引》。现通行的《十三经注疏》内容包括：

(1)《周易正义》十卷，魏王弼、晋韩康伯注，唐孔颖达等正义。

(2)《尚书正义》二十卷，旧题汉孔安国传，唐孔颖达等正义。

(3)《毛诗正义》七十卷,汉毛公传,郑玄笺,唐孔颖达等正义。

(4)《周礼注疏》四十二卷,汉郑玄注,唐贾公彦疏。

(5)《仪礼注疏》五十卷,汉郑玄注,唐贾公彦疏。

(6)《礼记正义》六十三卷,汉郑玄注,唐孔颖达等正义。

(7)《春秋左传正义》六十卷,晋杜预注,唐孔颖达等正义。

(8)《春秋公羊传注疏》二十八卷,汉何休注,唐徐彦疏。

(9)《春秋穀梁传注疏》二十卷,晋范宁注,唐杨士勋疏。

(10)《论语注疏》二十卷,魏何晏集解,宋邢昺疏。

(11)《孝经注疏》九卷,唐玄宗注,宋邢昺疏。

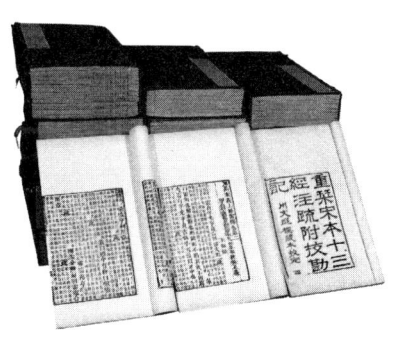

《十三经注疏》

"十三经"包括《易》《诗》《书》《周礼》《礼记》《仪礼》《春秋公羊传》《春秋穀梁传》《春秋左传》《孝经》《论语》《尔雅》《孟子》等13部儒家经典,对我国的传统文化产生了巨大影响,长期影响着人们的思想意识和社会生活观念

(12)《尔雅注疏》十卷,晋郭璞注,宋邢昺疏。

(13)《孟子注疏》十四卷,汉赵岐注,宋孙奭疏。

这个宋《十三经注疏》本体现了儒家经典由唐初的《五经正义》本,到唐"九经"、唐"十二经",到宋"十三经"的流传演变及不断扩充的过程。

然而宋代的疑经思潮却让注经方式发生了重要的改变,汉儒经传对于儒家经学的承传确有贡献,然其奉行重文字训诂,轻思想发挥的解经原则。其盛行之后,产生流弊,导致儒学发展停滞,不能有效地应对盛行一时的佛老思想的挑战,从而动摇了儒家文化的主导地位,带来理论危机和社会危机。宋人之所以对汉儒经传产生怀疑,是因为在宋儒看来,汉儒未能将儒家圣人之道继承下来,反而有所失传,所以他们在怀疑汉儒经传的基础上,以传承圣人之道为己任,企图建立起一种不同于汉学的以讲义理为主的新的学术传统。

有宋一代,疑经惑传思潮承唐代而有新的发展。"宋初三先生"之一的孙复(992～1057年)首掀旗帜,认为汉唐注疏之学全凭己意解经,对于《春秋》,如果专守三传以及杜预、何休、范宁对三传的疏解,就不能掌握《春秋》之旨;对于《周易》,如果专守王弼、韩康伯的注解,就不能尽《周易》之旨;对于《诗经》,如果专守毛公传、郑玄笺,则无法求得《诗经》之旨;对于《尚书》,如果专守所谓的孔安国《尚书传》,就不能尽得《尚书》之旨。这体现了宋学兴起之尊经轻传注,对汉唐注疏之学提出质疑的时代精神。

因此,随着解经、注经方式的分化,易学,大抵分为象数和义理两派(亦有心学易学和以史解《易》者),其象数派又衍出图书之学。象数派渊源于汉《易》;义理派深受《易传》以哲理注《易》的影响,而起于魏王弼。宋明易学的特点是重以义理来探讨《周易》经传中的哲理和微言大义，不注重文字的训诂、考据，是古代易学哲学高度发展的时期。

据《宋史·艺文志》载，仅北宋解《易》著作就有60多家，其中著名的有李觏、胡瑗、周敦颐、邵雍、王安石、张载、程颢和程颐等，至于欧阳修、苏轼、司马光等文学家、史学家，亦有解《易》之著作。

北宋初期的易学大体有四大流派。

一是以陈抟为鼻祖的图书学派。此派学脉是：

陈抟→种放→刘牧、李之才→周敦颐

刘牧推崇河图洛书，李之才重视卦变说，最后，周敦颐重视讲象，提出太极图说，论述宇宙形成过程，为儒家成圣人的理论提供根据。

二是邵雍的数学派。提出先天学。《先天图》所讲的八卦全体大用在数、象、理三个范畴方面，都是与筮法这个"器"紧密相连的。邵雍的先天易是数理之易，先天易是心之易，即内圣外王之道，其系统当中亦有对汉易（源于周易，与文王八卦有关）的卦气卦变之说作融会。邵雍继承与发展了前贤之易学思想。

三是由胡瑗倡导的义理派。后传至程颐，程颐著《伊川易传》，创立了理学派的易学体系。程颐以义理解释《周易》，企图从中寻求圣人之道，除了借鉴王弼、胡瑗的思想外，还受到王安石易学的影响。程颐说："若欲治《易》，先寻绎令熟，只看王弼、胡先生、王介甫三家文字。"在《伊川易传》中，借解释《周易》卦辞爻象来阐明义理，提出"体用一源，显微无间"的理学命题，里面还包括阴阳、动静变化的思想和关于理欲的观点，反映程颐从宇宙自然到社会人生的较系统的哲学思想，成为宋明理学的重要著作。

四是张载的气学派。张载是北宋时期极其重要的思想家，"关学"的创始人，理学的奠基者之一。张载于"六经"之中，解说《周易》，著《横渠易说》，并在晚年著《正蒙》，亦有对《易传》的解释，以阐发义理和哲理，表现出对《易》的重视。《宋史·张载传》称：其学"以《易》为宗，以《中庸》为体，以孔、孟为法，黜怪妄，辨鬼神"。王夫之认为："张子之学，无非《易》也，即无非《诗》之志、《书》之事、《礼》之节、《乐》之和、《春秋》之大法也，《论》《孟》之要归也。"既把张载之学归结为易学，又把易学的范围扩大，使之包括了《诗》《书》《礼》《乐》《春秋》《论语》《孟子》等经典的大法和"要归"。其易学思想在中国思想文化发展史上占有重要地位，对以后的思想界产生了较大的影响，著有《横渠易说》三卷、《正蒙》十篇、《经学理窟》十二篇，编入《张子全书》。《横渠易说》最为著名。

邵雍易学

邵雍（1011～1077年），字尧夫，谥号康节，自号安乐先生、伊川翁，后人称百源先生。北宋哲学家、易学家，有内圣外王之誉。创先天学，以为万物皆由"太极"演化而成。著有《观物篇》《先天图》《伊川击壤集》《皇极经世》等。

邵雍被视为宋易象数派的创立人，提出"先天象数学"，亦称"先天学"，其主旨是以《周易》思想为基础，推衍、探究宇宙万物的生成及发展过程，讲求心法的象数哲学体系。邵雍依据易学象数原理，一定程度地借鉴道教思想，融合《周易》与道教，用"先天四图"

（即伏羲八卦次序图、伏羲八卦方位图、伏羲六十四卦次序图、伏羲六十四卦方位图）来推衍自然和人事的变化。邵雍大体上从陈抟那里接受了《先天图》，认为伏羲八卦即先天八卦，先天学来源于《先天图》，其先天象数学思想主要体现在他所著《皇极经世》及各种图式图说中。

在对经学和儒家经典的研究中，邵雍提出"时有消长，经有因革"的思想。他说："皇、帝、王、伯者，圣人之时也；《易》《书》《诗》《春秋》者，圣人之经也。时有消长，经有因革。"（《观物篇》）他认为古今之时在不断消长变化，圣人之经也应随时因革损益，而不可固执拘泥。在此基础上，邵雍重视发掘经书中的道，特别是《周易》之道，而不是单纯追求对经典的记问之学，他指出："知《易》者不必引用讲解，是为知《易》。孟子之言未尝及《易》，其间《易》道存焉。俾人见之者鲜耳。人能用《易》，是为知《易》，如孟子可谓善用《易》者也。"（《观物外篇上》）认为孟子并没有言及《周易》，但在不言之中就存在着《周易》之道。推而广之，经典之道并不一定要言及，在不言之中存在着经典之道。

此外，《梅花易数》相传亦为邵雍所著，是一部以易学中的数学为基础，结合易学中的"象学"进行占卜的书，其书专言占法。其占法是：以楷书字，数其笔画，以起数得卦。须诚心祈祷，随其所占，信手写二字。相传邵雍运用时每卦必中，屡试不爽。《梅花易数》依先天八卦数理，随时随地皆可起卦，取卦方式多种多样。

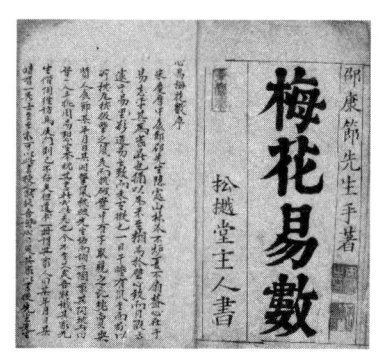

《梅花易数》
一部以易学中的数学为基础，结合易学中的"象学"进行占卜的书，相传邵雍运用时每卦必中，屡试不爽

小知识◎陈抟

陈抟(?～989年)，五代宋初著名道教学者，亳州真源(今河南鹿邑)人，一说普州崇龛（今四川资阳市安岳、乐至一带，一说重庆市潼南县）人，字图南，自号扶摇子，赐号希夷先生（希指视而不见，夷指听而不闻，出自《道德经》），常被尊称为"陈抟老祖"、希夷祖师等。

◎张载及横渠四句

张载（1020～1077年），北宋哲学家，理学创始人之一，封先贤，奉祀孔庙西庑第三十八位，大梁（今河南开封）人，徙家凤翔郿县（今陕西眉县）横渠镇，人称横渠先生。"横渠四句"出自张载《横渠语录》，原文为："为天地立心，为生民立命，为往圣继绝学，为万世开太平。"

9. 周敦颐画《易》
——《太极图说》开宋易

周敦颐（1017～1073年），字茂叔，号濂溪，道州营道（今湖南道县）人，北宋著名哲学家。到了一百年后的南宋，胡宏、朱熹、张栻等理学家推尊周敦颐为理学的创始人，使其地位得以提高，被认为是学术界公认的理学派开山鼻祖。"两汉而下，儒学几至大坏。千有余载，至宋中叶，周敦颐出于舂陵，乃得圣贤不传之学，作《太极图说》《通书》，推明阴阳五行之理，明于天而性于人者，了若指掌。"（《宋史·道学传》）

相传《太极图》由宋初道士陈抟将此图刻在华山石壁上，后来通过种放、穆修传给周敦颐。周敦颐以儒为主，儒、道相兼，同时也吸取佛教的思想。他承继《易传》和《中庸》的学说，把《易传》的阴阳、仁义与《中庸》的诚、中和之道结合起来，由此作《太极图说》和《易通》（即《通书》）。周敦颐的《太极图说》接受了道家及道教的无极概念，以无极作为宇宙的本原和其哲学的最高范畴，又吸取儒家经典《易传·系辞上传》的"易有太极"和道家《庄子·大宗师》的道

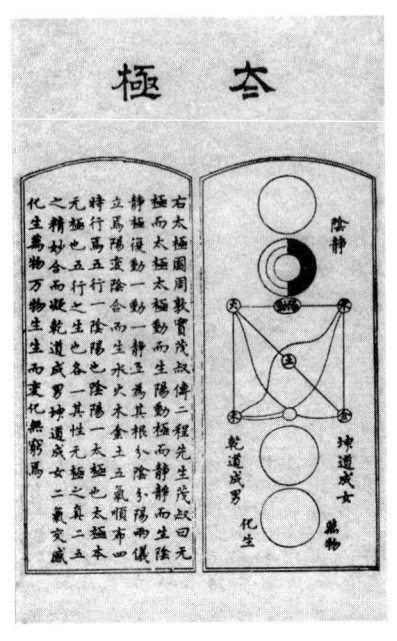

《太极图说》

《太极图说》是周敦颐为其《太极图》写的一篇说明。全文249字,对后代学者影响深远

"在太极之先而不为高"的太极概念,并把无极与太极联系起来,提出"自无极而为太极"的命题,建立起以无极为最高范畴的思想体系,认为"太极"乃最初、绝对之实体,由其一动一静,产生出阴阳五行和宇宙间万事万物,"万物生生而变化无穷焉,唯人也,得其秀而最灵"。同时把儒家的仁义贯穿于其中,最后归结为"圣人定之以中正仁义,而主静,立人极焉",体现出儒道相兼的特点。今所传《太极图说》为朱熹所整理。朱熹云:"周子留下《太极图》,若无《通书》,却教人如何晓得?故《太极图》得《通书》而始明。"(《朱子语类》卷九十四)《太极图说》经朱熹整理后,首句"自无极而为太极"被改为"无极而太极"。由于朱熹的地位极高,宋以后的学者便从朱熹之说,以"无极而太极"作为《太极图说》的首句。

周敦颐继承《易传》和《中庸》的学说,并把二者相结合,集中体现在他所作的《通书》即《易通》里。《通书》本为易学论著,以阐明《易》旨,共四十章,不少地方直接引用《易传》,并加以阐发。此外,《通书》还论述了"诚"的思想,以"诚"为一切道德原则和行为规范的根源。周敦颐说:"圣,诚而已矣。诚,五常之本,百行之源也。"周敦颐在《通书》里,把《易传》的阴阳、仁义与《中庸》

的诚结合起来,以诚为仁、义、礼、智、信五常之本,并强调以中正为圣人之道。这既是对《易传》以中为道,推崇中道思想的继承,又是对《中庸》"中立而不倚",坚守中道观念的发扬。

10. 朱熹注《易》
——综罗百易成三书

到了南宋时期，程氏易学为主流。朱熹以程氏易学为主干，会通各家之长而建立起一个庞大的易学哲学体系。他以义理思想为指导，重本义、重象数，将义理、卜筮、象数相结合，提出把宋易之义理派与象数派包括图书学派统一起来的易学思想，是对中国易学史上先前思想的借鉴、吸取、继承、扬弃和发展，亦是对宋代易学的总结和发展而集其大成。其易学思想主要集中在《周易本义》《易学启蒙》《太极图说解》《朱子语类》等书中。

此时，心学易学有所发展。陆九渊大弟子杨简，继承程颢和陆九渊的易学思想，以人心解易，论证卦爻象和天地万物的变化皆出于个人的意识。著有《杨氏易传》和《己易》二书，是宋明时期心学易学的重要代表人物，对明代心学大师王阳明有重大影响。

另外，功利学派的易学也提出了一些新观点，如薛季宣、叶适等人提出了"河图洛书为古代地图说""道不离器说"，否定孔子作《说卦传》说等学说，对传统易学有所突破。而图书学派易学，经朱震和

南宋易学 { 主流易学　　程颐、程颢
义理易学　　朱熹
心学易学　　杨简
功利易学　　薛季宣、叶适 }

蔡元定等人的阐发，也得到了一定的发展。

朱熹（1130～1200年），字元晦，一字仲晦，号晦庵、晦翁、考亭先生等，南宋江南东路徽州府婺源县（今江西婺源）人。南宋著名的理学家、思想家、哲学家、教育家、诗人，闽学派的代表人物，世称朱子，是孔子、孟子以来最杰出的弘扬儒学的大师。其易学著作主要有《周易本义》《启蒙》《蓍卦考误》《太极图说解》《通书解》《参同契考异》等。

《易学启蒙》书前有朱熹所作序，云："近世学者，类喜读《易》。其专于爻义者，既支离散漫，而无所根据；其涉于象数者，又皆牵合附会，而或以为出于圣人心思智虑之所为也。"朱熹企图兼采汉以来易学义理派与象数派之长，使二者合归为一，其书可对《周易本义》卷首九图作解释，对《筮仪》亦可作说明。《周易本义》成书较《易学启蒙》为晚，分为二种：一种为《原本周易本义》，上下经文二卷，《十翼》十卷，共为十二卷。另一种为《别本周易本义》，为明嘉靖、隆庆年间所刊。自《周易本义》出版以后，读书人嫌《程氏易传》内容繁多，遂弃之不读，专用朱熹《周易本义》。

《易学启蒙》和《周易本义》二书互为表里。朱熹以为古人观象画卦，揲蓍命爻，皆"气数之自然形于法象，见于图书者，有以启于其心而假乎焉耳"；后来学者"其专于爻义者，既支离散漫，而无所根据；其涉于象数者，又皆牵合附会"。认为《易》本卜筮之书，力图将《周易》分而论之，云："有天地自然之《易》，有伏羲之《易》，有文王、周公之《易》。自伏羲以上，皆无文字，只有图书，最宜深玩，可见作《易》本原精微之意。文王以下，方有文字，即今之《周易》。然读者亦宜各就本文消息，不可便以孔子之说为文王之说也。"其书注重解释卦爻辞，注重义理，亦不废取象说，言简意赅，于其不可通之处，宁可存疑，而不穿凿附会。

11. 王夫之引《易》
——以史解说论古今

元、明两代,《周易》学朝普及和深化两个方向发展,先后出现了一批注疏《周易本义》的著作。元代胡一桂著《周易本义附录纂疏》《易学启蒙翼传》二书,其子胡炳文著《周易本义通释》,胡一桂的学生董真卿著《周易会通》,这些著作都对朱熹易学进行了阐发。明成祖时,胡广奉敕编《周易大全》,便以胡一桂所著为蓝本。《周易大全》的颁布流行,表明程朱派易学占据了明代易学的统治地位。元代道教大师雷思齐承刘牧、邵雍易学学脉,推衍出许多图式。他以九宫图为核心解释《周易》原理,主先有数而后有象说。而俞琰、张理和萧汉中等人,亦以图式解易,但主先有象而后有数的观点。

象学一派到了明代,成了象数之学的主流,以来知德为代表的象数易学与程朱易学展开了长期的争论。明末清初,方以智父子将象数易学发展到高峰。明代义理易学派的发展要归功于易学家蔡清,他著有《周易蒙引》,主张理象合一,成为明代易学"气本论"的倡导者。明代心学流行,易学中心学也有发展,他们主要以内心道德修养的方法和精神境界解释《周易》卦爻象和卦爻辞，其代表人物是湛若水和王畿。明末清初大思想家王夫之，对宋明易学作了一次总结。他继承宋明气学和象学传统，修正程朱义理易学，批判心学易学，并对河洛先天之学和邵雍的象数之学也作了批判，先后著《周易外传》《周易内传》等著作，完成了易学哲学归于"气本论"的任务，宣告了宋明易学的终结。

清代是复兴汉易的时代。清人解易的著作十分丰富，超过了以往任何时代，其中内容和倾向都很复杂。清代易学主要有两派：一派以惠栋和张惠言为代表，倡导汉易；一派以焦循为代表，力图会通百家。惠栋著有《周易述》《易汉学》《易例》《周易古义》等书，笃守汉易，注重卦象的形成和变化，淡化《周易》的哲学价值。张惠言则专攻虞翻易学，著有《周易虞氏义》《周易虞氏消息》《虞氏易事》《虞氏易言》等书，企图全面恢复虞氏易学。焦循则不然，他一方面依汉人解易的精神，注重象数文字训诂，另一方面又独辟蹊径，以建立新的易学体系。著有《易学三书》，即《易章句》《易通释》《易图略》，成为清代汉学易学的殿军。从总体倾向来看，清代易学缺乏对哲学问题的探讨，对易学哲学的建树甚少，理论思维很薄弱，是古代易学哲学的衰落时期。

王夫之（1619～1692年），明末清初思想家，与黄宗羲、顾炎武并称明末清初的三大思想家。王夫之晚年居南岳衡山下的石船山，著书立说，故世称"船山先生"。王夫之一生著述甚丰，以《读通鉴论》《宋论》为其代表之作。王夫之的易学思想主要体现在他的《周易内传》《周易外传》等书中。

《周易内传》以"乾坤并建"为宗，以"错综合一"为象。曾国藩为其书作序，谓其"著述太繁，不免醇驳互见"。《周易外传》采用传注形式，精细而深入地阐发义理。书中提出"天下唯器""常而可依"之论点，通过"体用""有无""虚实"，指明客观事物互相依存。强调"据器而道存""无其器则无其道""道因时而万殊"，论证"道随器变"的进行史观。书中还驳斥了"太极动静而生阴阳"的传统观点，认为阴阳之外无太极，太极乃阴阳对立统一之

《船山遗书》（清刻本）
王夫之著作《周易内传》，共十三卷

总体。其书还把"知""能"视为人所独具的潜能，主张"知能同功而成德业"，反对"尊知而贱能"。

  王夫之对《周易》原典的诠释，与晚明至清初学术界回归原典的趋势相适应。他治经与汉学家不同，不囿于烦琐的训诂考据，而着力于阐发经学的义理，结合时代阐释经书的微言大义。作为王夫之经学的重要组成部分，他的易学借解释《周易》，援天入人，借自然说人事，立脚点是社会，这一部分以探讨人文社会为主要内容，并结合时代同样开了许多生面，具有哲理批判和经世的特征。

三 天人合一 易儒交融

天人之学自古存,
何处会合何处融。
才性非只人间有,
中庸亦与天地同。

1. "天人合一"与卦爻"三才"

儒家的"天人合一"思想,在《孟子·尽心》的"尽其心者,知其性也;知其性,则知天矣"中,在《中庸》的"唯天下至诚,为能尽其性……可以赞天地之化育,则可以与天地参矣"中都得以体现。"天人合一"即天、人合一于至诚、至善,达到"致中和,天地位焉,万物育焉"的境界。"与天地参"便是"天人合一"。它所要致力解决的问题并非单纯的社会和自然的关系,更是人的精神价值的来源追溯,是探究人们自觉修养而达到像"天生万物"那样的德行从而达到修己达人的理想境界。

无独有偶,儒家提倡"和为贵"(《论语·学而》),而《周易》亦重视人与自然、人与社会、人与人之间的和谐统一关系,伏羲"仰以观于天文,俯以察于地理,是故知幽明之故"而画八卦,文王根据社会活动和历史发展演六十四卦,孔子感叹礼崩乐坏而作《十翼》,都体现出自然与人文的结合,而"天人合一"在卦爻三才(天、地、人)中体现得尤为明显。

> 易之为书也，广大悉备，有天道焉，有地道焉，有人道焉。兼三才而两之，故六；六者非它也，三才之道也。道有变动，故曰爻；爻有等，故曰物；物相杂，故曰文；文不当，故吉凶生焉。（《易传·系辞下传》第十章）
>
> 昔者圣人之作易也，将以顺性命之理。是以立天之道，曰阴与阳；立地之道，曰柔与刚；立人之道，曰仁与义。兼三才而两之，故易六画而成卦。分阴分阳，迭用柔刚，故易六位而成章。（《易传·说卦传》第二章）

在《周易》看来，"天人合一"主要表现在"生"的学说中。自然界的变化是没有目的的，但又不是机械的，而是不断生成的过程，所以它是"生意盎然"的，是有生命意义的。"天之道"与"地之道"是自然界阴阳二气互消互长之体现，而"人之道"一方面是从属于天道、地道的，"圣人之作易也，将以顺性命之理"。但另一方面，人却可与天地相提并论，处于自然界的"三才"之一，人能够"裁成天地之道，辅相天地之宜"，而天地之道究其本质亦是为了人道，"一阴一阳之谓道，继之者善也，成之者性也"。正是因为天、地、人三才之间具有这种内在一致性，故"圣人所以崇德而广业也。知崇礼卑，崇效天，卑法地，天地设位而《易》行乎其中矣"（《易传·系辞上传》）。

在此基础上，我们需清楚，有圣人的"天人合一"，有君子（贤人）的"天人合一"，还有凡人的"天人合一"。圣人的"天人合一"是本能的天人合一，生而知之；贤人的"天人合一"是通过学习而达到的天人合一。"学而知之"，孔子一生之中从未放弃过学习，是一位活到老，学到老的典范。"十室之邑，必有忠信如丘者焉，不如丘之好学也。""知之者不如好之者，好之者不如乐之者。""朝闻道，夕死可也！"当哀公询问"弟子孰为好学"时，孔子就对颜渊赞赏有加："有颜回者好学，不迁怒，不贰过。不幸短命死矣，今也则亡，未闻好学者也。"连孔子本人亦自谦道："我非生而知之者，好古敏以求之者也。"(《论语·述而》)而凡人是当需要或者处于困境时，才去学，"困而知之"(《中庸·哀公问道九》)。因此，对于圣人、贤人或凡人，其要达到至诚、至善的天人合一境界，其出发点和途径都是有区分的。

2. 中庸之道与中位之爻

中庸之道这一主题思想主要体现在《中庸》第一章:"天命之谓性,率性之谓道,修道之谓教。"言简意赅地揭示了中庸之道这一主题思想。"天命之谓性"是指人的天性为善;"率性之谓道"是说人们按照善良的天性办事情;"修道之谓教"是说按照人道原则去进行修治,从而通过自我修养和自我完善,把自己的理想人格定位于至善、至仁、至诚、至道乃至至德、至圣,并达到"致中和,天地位焉,万物育焉"的"太平和合"境界。"喜怒哀乐之未发谓之中,发而皆中节谓之和",指的是性情的工夫论;"中也者,天下之大本也;和也者,天下之达道也",指出了中庸之道的目标意义;"致中和,天地位焉,万物育焉"是对理想境界的称颂。

朱熹认为"中庸"即是孔门的"心法",即是圣人之道统精髓,自是以来,圣圣相承。这里的"一理"即是"中庸",不仅"理一分殊",还"合为一理",自始至终"始末如一"。

中庸之道不仅是一种可操作的行为准则和思想方法,"故圣人之教，抑其过，引其不及，归于中道而已"（《论语·先进》），"圣人本欲得中道之人而教之"（《论语·子路》），更是一种可设立、可追求的理想目标和道德境界。"从容中道，圣人也。"(《中庸章句》)"大哉圣人之道！"（《中庸章句》)故孔子曰："中庸之德也，其至矣乎！民鲜久矣！"（《论语·雍也》）

在《周易》里，非常强调"中"，重视中位思想，强调上下交流、阴阳气通的"中道"。上、下卦六爻中，内卦二爻和外卦五爻均为中位。所谓中位，有两个意思：一指上、下卦的中位，下卦是二，上卦是五；一指全卦六爻的中位，一般是指五位。如乾卦九二曰："见龙在田，利见大人。"九二处于下卦的中位，从坤变乾，阳长到二爻，卦变为临，在临卦互震（九二、六三、六四爻）里，震为龙，龙出现在地表之上，故为"见龙在田"。田指大地，"见龙在田"指乾格人刚健中正，行为表现像龙一样离潜出游，相机以图发展。由于阳爻刚健，又在二得中的位置，具备中庸的德行。故"利见大人"，这是说积蓄得差不多了，就可以发挥才能智慧，出来实现计划和理想，大有作为。所谓"大人"，既为富贵者，又有才能。二爻为臣的位置，五爻为"大中"，为君王之位，二五相互比应，即君臣上下同心同德，自然可以利见九五之上的"大人"了。因此，"天下之理得，而成位乎其中矣"（《易传·系辞上传》第一章）。

《象传》认为，中则无不正，故中又称为中正、正中、中行、中道。中正，便是无过、无不及、无偏无邪的恰好的状态，所以在一般情况下，中爻往往都是吉的。而"中"又有"刚中"与"柔中"之分。凡阳爻居中位，表征"刚中"之德；阴爻居中位，则表征"柔中"之德。如巽卦《象》曰："刚巽乎中正而志行。"九二《象》曰："纷若之吉，得中也。"九五《象》曰："九五之吉，位正中也。"《周易》的中庸思想，在节卦、中孚卦、小过卦、既济卦中表现得尤为明显。如："刚柔分而刚得中。当位以节，中正以通。"（《节卦》）"柔在内而刚得中。"（《中孚卦》）正因此，爻辞通例，二五两爻大多皆吉。即便是在凶卦之中，二五两爻依然较好。比如升卦《彖传》曰："刚中而应，是以大亨。"就是九二爻以刚中而应六五爻柔中，相应则相得，九二可以上升而亨通，这种有应可以亨通，正与应位原则相符。

此外，《周易》中的中德思想，认为"中德"要优于"正德"，也就是说即使一爻居中位，尽管不当位，亦没有大碍。而中正思想，如果阴阳爻既当位又得中即处于中正之位；如《乾卦》的九五爻，便是以阳爻处于中位且居阳位，即中正之位；阳爻符示刚健之德，故其《文言传》曰："大哉乾乎！刚健中正，纯粹精也。"此外还有《同人卦》的二五两爻柔刚得位得中，故其《彖》曰："柔得位得中，而应乎乾……文明以健，中正而应，君子正也。"《需卦》九五爻以刚爻居上卦的中位，得中且正，是最为尊贵的天子之位，所以其《彖》曰："位乎天位，以正中也。"

3. 刚健厚德与《乾卦》《坤卦》

自然之义

《乾卦》

卦辞：刚健，创始，亨通，适宜，正固。

爻辞：

初九：如卧龙般潜伏，切莫妄动。

九二：龙现于田地，利出现大人（贵人）。

九三：君子白天勤勉不倦，日夜警惕，虽然会遇到危险，但也没有灾祸。

九四：困惑迟疑是应该往上腾跃，还是应暂时退居深渊，这样的谨慎是没有灾祸的。

九五：龙高飞在天上，有利于出现大人，这是有德之人大有作为的好形势。

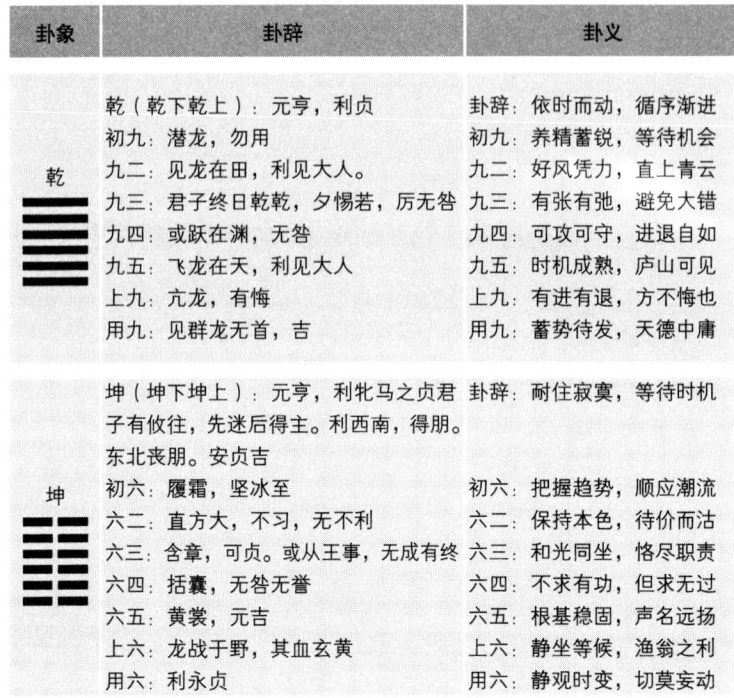

上九：龙高飞到极致，兴奋过度，就有所悔恨。

用九：一群龙共处，而不争做首领，吉利。

《坤卦》

卦辞：柔顺，大为亨通，利于母马颐养守持正固；君子前往，开始迷路，而又找到正主，有利；往西南方将得到友朋，往东南方将失去友朋；安居而不主动，吉利。

爻辞：

初六：踩到微霜，就知道严寒的冬天就要到来。

六二：正直而方正，就能宏大，就可以不折败，没有不利的。

六三：内含文采，可以守持正固；或者辅助君王的事业，没有大的成功也会有好的结局。

六四：像扎紧口袋那样闭上嘴巴，没有凶也没有称誉。

六五：黄色的裙裳，至为吉祥。

上六：群龙战于边野，它们的首领都已经疲惫不堪了。

用六：利于固守不动。

人生之示

从全卦六爻来看，乾卦由六个表示阳的符号组成，乾是大阳大刚之物，而整个乾卦都是强健不息、不断发展变化的，各爻所凸显出的关键（潜、见、惕、跃、飞、亢）都具有普遍性的指导意义。而坤卦是阴柔之象，由六个表示阴的符号组成。乾卦象征天，坤卦象征地。乾卦说的是健，是阳刚之道，坤卦说的是顺，是阴柔之道。二者构成了一刚一柔、一动一静、一开一合的关系。《周易》从乾卦中提升出"天行健，君子以自强不息"的精神，从坤卦中提升出"地势坤，君子以厚德载物"的精神。一方面强调要有刚健进取的精神，另一方面又强调要宽厚包容，像天地那样，勇于承担。这也成了中国文化的基本特点。

当一个人从出生到死亡，总是在经历—内省—实践—总结这样一个循环往复的意识和行动互动的过程，乾卦的象征本质，就是激励人效法"天"或"龙"的刚健精神。《乾·象》曰："天行健，君子以自强不息。"永远不断地努力进取，即使遇到颠沛流离、困难逆境，也要不屈不挠，前进不息。如孔子所言："逝者如斯夫，不舍昼夜。"（《论语·子罕》）我们应立足于奋发进取，要效法水不断前进，而进取方向亦要注意顺应形势，或向外以建立功业，或向内以提高德行，恰如其分地发挥自己自强不息的气质和源源不断的创造精神,从而对整个世界和自我有"苟日新,日日新,又日新"(《大学》)的认识。

坤卦,主要象征大地的德行,它是极为柔顺的,秉承着天的意志而顺时运行。

大地包容着万物,使其生长广大。天施阳光雨露,地承载山河,养育万物。大地功德无量,立千仞,纳百川,无求无欲,全部归功于天。正因为有此厚德,人们把大地比作母亲。因此,坤卦告诫人们,要学会包容。人与人之间,难免出现矛盾和摩擦,别人有意或无意伤害了你,大凡不是原则问题,应该得让且让,得过且过,宽容他人。

4. 把握时机与《需卦》

自然之义

《需卦》

卦辞：等待，并且有诚信，就会大为亨通；坚守不动，就会吉利，利于涉越大河。

爻辞：

初九：在郊外等待，利于有恒，没有咎责。

九二：在沙滩上等待，虽然小有批评，但最终还是有利。

九三：在泥滩中等待，会招致敌寇。

六四：在沟洫里等待，要从陷阱中脱身。

九五：在有酒食的地方等待，坚守不动，吉利。

上六：落入陷阱，有三位不召之客来临，恭敬相待，终于获得吉利。

卦象	卦辞	卦义
需（乾下坎上）：有孚，光亨，贞吉。利涉大川		卦辞：有诚有信，蓄势待发
需	初九：需于郊，利用恒，无咎	初九：持之以恒，切莫急躁
	九二：需于沙，小有言，终吉	九二：有的放矢，自信满满
	九三：需于泥，致寇至	九三：低调做人，高调做事
	六四：需于血，出自穴	六四：泥水似血，远方求贤
	九五：需于酒食，贞吉	九五：降格以求，德合无疆
	上六：入于穴，有不速之客三人来，敬之，终吉	上六：见神礼拜，遇佛烧香

人生之示

《需卦》由上坎卦和下乾卦组成，名"水天需"。从卦象上来看，乾卦代表天，代表光明；坎卦代表水，代表险。合在一起的意思表明前进的道路上有风险。正如人们常说的："前途是光明的，道路是曲折的。"此外，"需"有"等待"的意思，故"需"在卦中理解为踌躇、等待、观察、补需之义。无论在什么地方等待，在什么样的处境下都需要隐忍，等候时机的到来，都要坚守不动，并且保有诚信。

《需卦》卦辞说："有孚，光亨，贞吉。利涉大川。"意思就是要有诚信，光明而亨通，坚守正道吉祥。有利于渡过大川险阻。这里告诫人们，人要有诚信和正道信念，历经等待的时光。不利时，应安居待机，不可妄动强求；应时时，便达济天下。家喻户晓的一个例子是，诸葛亮受刘备三顾茅庐才出山，《三国志》有云："凡三往，乃见。"《出师表》亦言："三顾臣于草庐之中。"而诸葛亮又自称"卧龙先生"，他比喻自己就如同一条龙，需要等到适当的时机起飞，出山辅佐刘备。千里马求伯乐，伯乐也是在一定的机缘和时机下才出现的。

5. 谦谦君子与《谦卦》

自然之义

《谦卦》

卦辞：享通。君子有好的结局。

爻辞：

初六：君子谦而又谦，用以涉越大河，吉。

六二：有名而谦，占问吉利。

九三：有功而谦，君子有好的结果，吉。

六四：无不顺利，发挥其谦。

六五：不与邻居同富，宜用讨伐（惩治），无所不利。

上六：有名望而又谦虚，（这样才）宜于出兵，讨罚邑国。

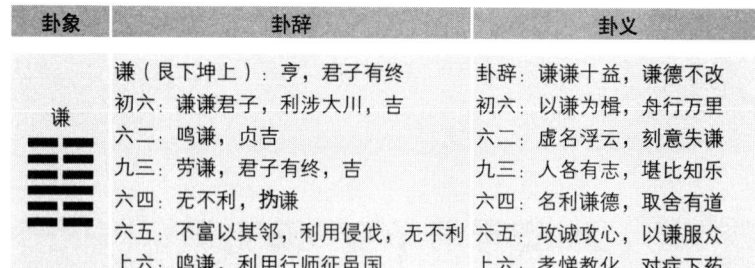

人生之示

《谦卦》由上坤地与下艮山组成,名"地山谦"。山本来高耸于地面,然而这里山却躬屈于地下,此为博大之谦恭。又因坤地为顺,艮山为止,止于顺,谦卑之心。《谦卦》卦辞说:"谦:亨,君子有终。"《说文》曰:"谦,敬也。"顾名思义,"谦"有严肃、恭敬、谦虚之义。"谦谦君子,卑以自牧","谦谦君子,温润如玉",道德高尚的人,总是以谦逊的态度,自守其德,修养自身。

如为君子,当自始至终以谦恭的姿态处世为人,躬屈下位,先人后己,谦虚、谦逊之义,如同那平地之上的高山,不仅有山的丰富谦恭敬止,而且还有大地的柔顺承载,这便是《谦卦》的卦象。《序卦传》曰:"大有不可以盈,故受之谦。""谦受益,满招损",哪怕是事业成功之后,也必须保持谦虚谨慎,这是保持"大成"的必备前提,这便是谦卦的重要意义。《易·谦卦》:"谦:亨,君子有终。"之所以亨,是因为君子自始至终,一贯地,不间断地,并且发自内心地保持谦虚的心态。在生活中大凡能够谦逊、低调的人总是会受到别人尊敬的,是值得人们信赖的,而那些自恃高人一等、夸夸其谈的人,一般会被嗤之以鼻。

6. 择偶有道与《咸卦》

自然之义

《咸卦》

卦辞：亨通顺利，宜于守正。娶女，吉。

爻辞：

初六：脚大趾感应而动。

六二：腿肚子感应而动，凶。居家不出，吉。

九三：大腿感应而动，（身体）随之而动，前往则困难。

九四：占问吉，悔事消亡。来往心意不定，朋友们顺从你的想法。

九五：脊背感应而动，无悔。

上六：（说话时）因感而牙床、面颊、舌头齐动。

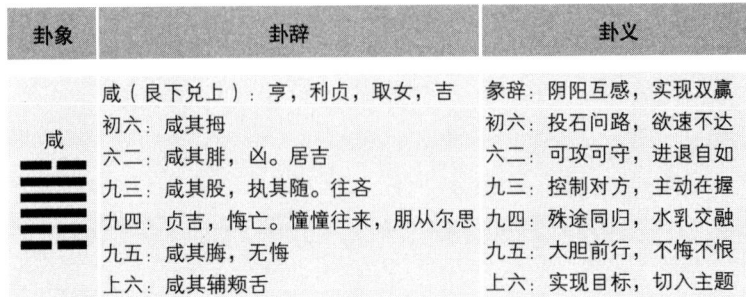

人生之示

《咸卦》为《周易》下经的第一卦,"咸"字,在甲骨文中是"戌"字与"口"字的相合,表示用长柄斧钺砍人头的意思,立即震撼、感应。咸卦中的"咸"取"感"之用,咸即感,交感、感应之义,象征彼此吸引融通,心灵感应。感应不是人为意识的配合,而是心灵的感应,心灵的沟通。卦辞说:"咸:亨,利贞,取女吉。"是说:"咸卦,亨通,宜于守正道,娶少女为妻吉祥。"《咸卦》"利贞"是"亨"和"取女吉"的前提,只有持守正道才能恒通,娶少女为妻才会吉祥。

婚恋对人生来说是头等大事,首先两个人要有感觉,无心之感,便是无缘之识,两人情投意合才是有缘之应,双方都有感情,婚姻才有可能。其次,如果两个人能够阴阳协调,性格互补那便是佳缘一桩。人们常说"性格相近,情趣相投"是稳定夫妻的前提。最后,要坚守,长久维持自己的心意,不恒其德,反承其羞。男女异性相吸、心灵感应,只是建立伴侣、家庭关系的起始条件,并不是恒长相守稳定家庭的保证。

7. 诚信为本与《中孚卦》《无妄卦》

自然之义

《中孚卦》

卦辞：用豚鱼（祭祀）则吉，利于涉越大河，利于守正。

爻辞：

初九：安则吉，有意外则不安。

九二：鹤在树荫之下鸣叫，小鹤应声而和。我有美酒，我愿与你共享。

六三：打败了敌人，（士兵）有击鼓者，有凯旋班师者，有哭泣者，有歌唱者。

六四：在既望之日，马匹丧失，但却无咎。

九五：有诚信系恋，无灾。

上九：祭祀时用鸡祭天，占问则凶。

卦象	卦辞	卦义
中孚	中孚（兑下巽上）：豚鱼，吉。利涉大川，利贞 初九：虞吉。有它不燕 九二：鹤鸣在阴，其子和之。我有好爵，吾与尔靡之 六三：得敌，或鼓或罢，或泣或歌 六四：月几望，马匹亡，无咎 九五：有孚，挛如，无咎 上九：翰音登于天，贞凶	卦辞：中心诚信，心诚则灵 初九：安守诚信，求得安宁 九二：上下欢欣，在于诚信 六三：吃得败仗，缺乏诚信 六四：月亮盈亏，有信无害 九五：诚信交心，必无咎害 上九：声名高扬，直登于天
无妄	无妄（震下乾上）：元亨，利贞。其匪正，有眚。不利有攸往 初九：无妄，往吉 六二：不耕获，不菑畲，则利有攸往 六三：无妄之灾。或系之牛，行人之得，邑人之灾 九四：可贞，无咎 九五：无妄之疾，勿药有喜 上九：无妄行，有眚，无攸利	卦辞：人愿难随，无妄为吉 初九：不生妄念，用于前往 六二：不耕而获，利有攸往 六三：羁绊之灾，宜动利往 九四：莫生贪念，莫生邪心 九五：心病心药，勿药之痛 上九：不存奢望，行亦有灾

《无妄卦》

卦辞：始即亨通宜于守正。不守正道则有灾异，不宜有所往。

爻辞：

初九：无所冀望而往，则吉。

六二：不耕耘而有收获，不开荒而有熟田耕种，则利有所往。

六三：意想不到的灾，有人系牛于此，行人顺手偷得，邑人因此而有失牛之灾。

九四：（事情）可占问而无灾。

九五：意想不到的病，不必用药而愈。

上九：无所冀望而行则有灾异，没有什么利。

人生之示

《中孚卦》卦辞说："中孚：豚鱼，吉。"中孚，象征诚信、诚实，心中恒守诚信之义。《说文》曰："孚，卵孚也。一曰信也。""孚"为"孵"的本字，孵指卵生动物孵化孕育后代。鸟卵孵化有日期之信，信期一到，小鸟会如期破壳而出，故"孚"有诚信之义。又"孚"为"爪"下有"子"，为鸟待在卵上孵化之状，鸟的孩子在鸟的爪下，不将小鸟孵出鸟是不会离开的，有真诚守信于心之义。诚信有期，不会立即得到回报，故中孚为心中恒守诚信之义。

《无妄卦》是从反面告诫人们做人虚妄的危害。无妄卦上为乾天，下为震雷，雷在天空巨响，震慑万物不敢胡作非为。妄，亡。《说文》曰："妄，乱也。"《广韵》曰："妄，虚妄。"引申义为虚妄、虚假、悖乱。无妄，即不妄行，不妄为，不乱行。表示在正义力量的震慑之下，邪恶势力不敢妄为。这便是无妄卦的卦象，是谓天雷无妄。古人认为，打雷是上天为了惩戒坏人，做了亏心事会遭到雷劈。雷，是天规、天法的象征。天雷无妄有两层含义，一是震慑小人不敢轻举妄动，二是指天雷本身无妄，雷后必雨，信守承诺，万物与之相应。

古语说："人无信不立。""尾生抱柱"成语的典故大家耳熟能详，尽管有些人会认为尾生有些迂腐、呆板，但它很真切地反映了诚信重于生命的价值观。也许生活中有时因为诚实也会吃亏，但诚实的人最终是不会吃亏的。须知一个人一旦开头撒了谎，必然要以很多谎言自圆其说，虚妄的本质也必然会暴露。所以说当老实人最终不会吃亏。

小知识◎尾生抱柱

　　此事《汉书·古今人表》《艺文类聚》等书均有记载。《史记·苏秦列传》更以"孝如曾参,廉如伯夷,信如尾生"誉之。后人遂用"尾生之信""尾生抱柱"等喻指人坚守信约,忠诚不渝。三国魏嵇康《琴赋》:"比干以之忠,尾生以之信。"《玉台新咏·古诗八首》:"朝登津梁上,褰裳望所思。安得抱柱信,皎日以为期?"李白《长干行》:"常存抱柱信,岂上望夫台。"汤显祖《牡丹亭》:"尾生般抱柱正题桥,做倒地文星佳兆。"

8. 取之有道与《颐卦》

自然之义

《颐卦》

卦辞：占之则吉，观看两腮（的长相），便知（此人）自己能谋求口中之食。

爻辞：

初九：舍弃你灵龟（的卜兆，仅凭）观看我隆起的两腮，凶。

六二：两腮不停摇动，（又）拂击其胫与背，此腮（之相）出现则凶。

六三：拂击腮，占之则凶。十年之久无所用，没有什么利。

六四：动两腮，吉。（两眼）虎视威猛有神，面容长得敦实厚道，无咎害。

六五：击胫，居而守正，则吉，不可涉越大河。

上九：由其腮看，虽有危厉，（但）有吉，利涉越大河。

卦象	卦辞	卦义
颐	颐（震下艮上）：贞吉。观颐，自求口实	卦辞：观察颐养，自谋口食
	初九：舍尔灵龟，观我朵颐，凶	初九：舍亦理智，妒心凶险
	六二：颠颐，拂经，于丘颐，征凶	六二：重视颐养，努力经营
	六三：拂颐，贞凶。十年勿用，无攸利	六三：安于现状，招致凶险
	六四：颠颐，吉。虎视耽耽（眈眈），其欲逐逐，无咎	六四：重视颐养，无可厚非
	六五：拂经，居贞吉，不可涉大川	六五：颐养有度，切莫涉险
	上九：由颐，厉，吉，利涉大川	上九：大人君子，民富为吉

人生之示

《颐卦》由上艮山和下震雷组成。颐，饮食、颐养之义。《说文》曰："颐，颔也。"颔指上下颌部位。颐动为食，故颐有饮食、颐养之义。从卦象上看，颐卦形似一张嘴，初九和上九阳爻为上下颌，中间阴爻为齿。上卦艮山为止，如上颌静止不动，下卦震雷为动，如下颌张合，下动上止，为饮食之象，是谓山雷颐。颐养为享受之道，但是，不是什么都可以颐养的，因此，《颐卦》必须持守正道。

《颐卦》卦辞说："颐：贞吉。观颐，自求口实。""观颐"，从表象看是观看别人吃东西，但从深层看，有判别他人所得是否来自正道，自己应该如何谋求颐养之义。因此《颐卦》一是阐述通过观人而来正己，强调颐养要持守正道；二是阐述从颐实到颐德，饮食颐养为实、为外表，道德颐养为精神内在，强调道德颐养比饮食颐养更为重要；三是阐述遵循天地颐养万物之道而颐养贤能，颐养道德，乃至颐养天下万邦万民，天地孕育万物而长养之，使之欣欣向荣；四是说明圣人则之，颐养贤人而照顾万民，使之安居乐业，这样把颐养之义从养生、养贤、养德、养民逐步升华到治国大计，归结到民生的根本。

9. 持之以恒与《恒卦》

自然之义

《恒卦》

卦辞：亨通，无咎，宜于守正，利有所往。

爻辞：

初六：恒久而求，占问则凶，没有什么利。

九二：无悔事。

九三：不能恒守其德，因而蒙受羞辱，占问有吝。

九四：田中无禽兽。

六五：恒守其德，占妇人吉，男人则凶。

上六：恒久而求，凶。

卦象	卦辞	卦义
恒 (巽下震上)	恒（巽下震上）：亨，无咎。利贞，利有攸往	卦辞：恒久亨通，利于贞定
	初六：浚恒，贞凶，无攸利	初六：远离恒德，比招凶险
	九二：悔亡	九二：恒久之至，无怨无悔
	九三：不恒其德，或承之羞。贞吝	九三：不恒其德，或承之羞
	九四：田无禽	九四：人而无恒，一无所得
	六五：恒其德，贞妇人吉，夫子凶	六五：从一而终，恒久顺从
	上六：振恒，凶	上六：动摇恒固，招致凶险

人生之示

恒，为恒常稳定、恒久之义。恒卦由上震雷、下巽风组成，震阳刚在上，巽阴柔在下，这种尊卑秩序与天理之理相符，是谓恒常不变之理；雷震而风随，雷动而风行，所谓雷厉风行，从不迟疑，从不违逆，是谓恒久不变之义；此外，恒卦六爻皆应，没有忤逆相背，应则顺遂亨通，是谓恒常不变之规。俗话说："冰冻三尺，非一日之寒。"做事情不要三天打鱼，两天晒网，应该用心去做每一件事，要持之以恒。做事情除了有自信心外还必须有恒心，只有坚持不懈，才能把事情做好。

《恒卦》象辞说："雷风，恒；君子以立不易方。"立，立身，立于中正之道。不易，不改变，即恒守。方，以方正的原则正心，恒久地持守中正之道。

因为"河冰结合，非一日之寒；积土成山，非斯须之作"（《论衡》），因此要"合抱之木，生于毫末；九层之台，起于垒土；千里之行，始于足下"（《荀子》）。知识靠一点一滴积累，业绩靠一点一滴创造。愚公移山的故事就是一个很好的例子。智叟的畏首畏尾、不敢尝试正反衬了愚公的勇于开拓与坚持不懈，把"愚"和"智"作对比告诉人们，无论遇到什么困难的事情，只要有恒心、有毅力地做下去，就有可能成功。

《愚公移山》（徐悲鸿绘）

愚公移山出自《列子·汤问》。叙述了愚公不畏艰难，坚持不懈，挖山不止，最终感动天帝而将山挪走的故事。比喻做事有毅力、有恒心，坚持不懈，不怕困难

小知识◎愚公移山

出自《列子·汤问》里的一篇文章，作者为战国的列御寇。叙述了愚公不畏艰难，坚持不懈，挖山不止，最终感动天帝而将山挪走的故事。河曲智叟笑而止之曰："甚矣，汝之不惠。以残年余力，曾不能毁山之一毛，其如土石何？"北山愚公长息曰："汝心之固，固不可彻，曾不若孀妻弱子。虽我之死，有子存焉；子又生孙，孙又生子；子又有子，子又有孙；子子孙孙无穷匮也，而山不加增，何苦而不平？"河曲智叟亡以应。

10. 晋升有道与《晋卦》

自然之义

《晋卦》

卦辞：康侯享用（王）赏赐的马很多，一日之内三次接见。

爻辞：

初六：前进受阻，守正吉。（此人）无诚信，宽容处之方能无咎。

六二：前进忧愁，守正吉。从祖母那里受此大福。

六三：众人信任，悔事消亡。

九四：进如大鼠，占问有危厉。

六五：悔事消亡，誓必有得，勿忧愁，前往则吉，无所不利。

上九：进其锐角，用来讨伐城邑，虽危厉而可得吉，无灾，占问将有羞吝。

卦象	卦辞	卦义
晋	晋（坤下离上）：康侯用锡马，蕃庶，昼日三接	卦辞：遭遇晋升，一致认同
	初六：晋如，摧如，贞吉。罔孚裕，无咎	初六：注意谦让，保持常态
	六二：晋如，愁如，贞吉。受兹介福，于其王母	六二：忧患意识，谨慎为上
	六三：众允，悔亡	六三：众人信任，消除悔恨
	九四：晋如，鼫鼠，贞厉	九四：无能之人，必陷危险
	六五：悔亡，失得勿恤。往吉，无不利	六五：不计得失，勇往直前
	上九：晋其角，维用伐邑。厉，吉，无咎。贞吝	上九：势头强劲，主动出击

人生之示

晋，象征晋升、成长、壮大之义。晋卦由上离火和下坤地组成，离火为太阳，阳光普照大地，万物蓬勃向上，一派生机，天地人间一派祥和，是谓火地晋。而晋升亦是一个发展的过程，初六时还未能得到别人的信赖，不应急于求成，要处阴守静，藏匿锋芒，放宽心态。到了六二爻的时候，要懂得知恩图报，受到赏识的时候要明白不独享其福，而是把福分归功和回报于王母，这样六二才能获得六五的信任，从而获得吉祥。六三的时候便受到众人的支持，是因为大家都有上进的志向。加上六四的谨慎、六五的贵人，所以晋升得以吉利。

晋卦其实是在讲为官之道，首先要懂得隐忍、宽容，指心胸开阔，要学会忍耐、谦让，把心量放宽就没有灾难。然后要懂得感恩，知恩图报，感恩对你工作有帮助的人，应该将得到的福分惠及于人，不独占优势和资源，否则便会出现"鹬蚌相争，渔人得利"的悲剧。要想获得晋升，最好的竞争就是不争，与同级和衷共济，从内心容纳对方，真心诚意提携、帮助他人成长进步，这样你就会得到领导和同级的"众允"，就为自己晋升扫清了障碍，铺就了阶梯。

小知识◎鹬蚌相争，渔人得利

  赵且伐燕，苏代为燕谓惠王曰："今者臣来，过易水，蚌方出暴（曝），而鹬啄其肉，蚌合而钳其喙。鹬曰：'今日不雨，明日不雨，即有死蚌。'蚌亦谓鹬曰：'今日不出，明日不出，即有死鹬。'两者不肯相舍，渔者得而并擒之。今赵且伐燕，燕赵久相支，以弊大众，臣恐强秦之为渔父也。故愿王熟计之也。"惠王曰："善！"乃止。

——选自《战国策·燕策二》

四 《周易》与生活

闹市亦有易道隐,
只缘生于凡俗人。
圣人亦有两般话,
道不虚传统续成。

1. 生活饮食相关

"民以食为天。"饮食是人类赖以生存和繁衍的基础,《周易》与饮食的关系,古已有之,在《周易》中有许多关于饮食的记载,如《需卦》的九五爻:"需于酒食,贞吉。"即酒食丰厚之意。《周易》对人类饮食方面的记载可从以下几方面来阐述:

(1)饮食卫生。在《噬嗑卦》中,就有关于食物中毒的记载:"噬腊肉,遇毒。"在《井卦》中论述饮水问题,提出"井泥不食""井渫不食"等饮水卫生要求。因为泉水以寒者为贵,清洁卫生,"寒泉之食,中正也"(《井卦》),所以《井卦》提倡"寒泉食"。

(2)节制饮食。《需卦·象》:"需,君子以饮食宴乐。"《颐卦》便强调"君子以慎言语,节饮食",切忌"困于酒食"(《困卦》)。孔子亦言:"不时,不食也。"在此基础上,在《周易》里,认为君子颐养之道,"颐:贞吉。观颐,自求口实"。贞,中道、正道也。大吉大利基于能够节制饮食,克制欲望,循中庸之道而食、而欲、而言,是养生养身之道。养体又养德,清心又寡欲,淡泊又自持。

（3）有关饮食记载。八卦在取象时，据《周易·说卦传》记载，伏羲氏观鸟兽之文，远取诸物，其"乾为马，坤为牛，震为龙，巽为鸡，坎为豕，离为雉，艮为狗，兑为羊"，这些除了"龙"为传说之物外，其他均为可食的动物；在其他六十四卦中还有"干肉""腊肉""雉膏""灵龟""鹿""禽""鱼""酒""井""寒泉"等生活中的常见与饮食相关的词汇。

2. 宅坟风水相应

得饮食而维持生命,得栖身之所而获得安全和休息。易学对中国建筑特别是宅坟的影响,往往是以中国古代特有的堪舆学即风水理论为基础的。而对于风水的评价,至今都是毁誉交加,莫衷一是。在《周易》里,时有所见"安居"才能"乐业"的描述。

(1)建筑需选址。首先要靠"卜地""卜居"或"卜宅"而定。当时,事情的决策大多是通过筮而做出来的。军事行动靠"卜战"而定,社会活动靠"卜事"而定,治疗疾病靠"巫医",认识天象靠"占星",等等。如《革卦》:"九五:大人虎变。未占有孚。"

(2)房屋需坚固。古人要求房屋坚固,是形成了规范的。如《管子·内业》曰:"定心在中,耳目聪明,四枝坚固。"而在《周易》的《屯卦》里说:"磐桓,利居贞,利建侯。"王弼注:"不可以进,故磐桓也。"以石头做院墙,风雨可防,野兽可挡,故可使人民安居乐业,"利居贞","利建侯"。

(3)栋梁需为重。古代房屋都是由栋梁架构而成的,在《世说新语·赏誉》中首先提及："庚子嵩目和峤：'森森如千丈松，虽磊砢有节目，施之大厦，有栋梁之用。'"栋：脊檩，正梁。栋梁既然为修筑房屋的先要条件，当然必须很坚固。《大过卦》云："栋桡，凶。"表明如果栋梁弯曲欲折，则凶；又云："栋隆，吉。"表明栋梁高耸，能负重荷则吉。正如《庄子·人世间》所言："仰而视其细枝，则拳曲而不可以为栋梁。"

（4）建筑需人文。房屋建筑不仅仅是人的栖身之地，活着是宅，死后是坟，在一定程度上，也是人文思想和主人风骨之体现。在《周易》中的《贲卦》里讲述到"丘园"："六五：贲于丘园，束帛戋戋，吝，终吉。"其中"贲于丘园"指君主到简朴的野外丘园礼聘贤人，仅系上一束薄薄的丝帛，礼品虽然很悭吝，但是由于诚心，而最终获得吉祥。孔颖达注疏："丘谓丘墟，园谓园圃。唯草木所生，是质素之所。"后以"丘园"指隐居之处，亦为宜居之地。在《颐卦》中云："六二：颠颐，拂经，于丘颐，征凶。"认为如果翻来覆去地祈求他养，不守正道，向高处求养，出征的话就会出现凶。《说文》里解释道："北（丘），土之高也，非人所为也。从北从一。一，地也，人居在丘南，故从北。一曰四方高，中央下为丘。象形。"此外，更有一个大家耳熟能详的词语"九五之尊"，《周易》乾卦九五爻辞云："飞龙在天，利见大人。"这是象征帝王大吉大利之爻辞，所以中国古代帝王被称为"九五之尊"。北京天坛圜丘三层便依照《周易》之阳数而修筑，是中国古建筑文化艺术的象征。

3. 中医经脉相承

中医与易学相通是自古以来的说法，也是公认了的事实。据《帝王世纪》说："伏羲画八卦，所以六气、六府、五藏、五行、阴阳、四时、火水、升降，得以有象，百病之理，得以类推，乃尝味百药而制九针。"古人以"医易相通"的原理，把医易很好地结合起来。《易经》阴阳学说是中医阴阳学说的基础，其实时定位思想、与时偕行等思想对中医有着至为重要的影响，同时对子午流注、八纲辨证、风寒暑湿、燥火六邪等学说的形成都有重要影响。中医经典著作《黄帝内经》受《易经》的影响很大。东汉时期的《神农本草经》运用八卦取象的观念，明确了中医用药原则。张仲景《伤寒杂病论》把阴阳学说和太极含三为一发展为六经学说，创立了六经辨证的原则，奠定了临床医学的基础。

易学卦象与身体相对

清代江永著《河洛精蕴·卦象考》对《周易》有关身体的卦象进行整理,发现其涉及人体解剖和生理的就有三十二卦之多。参考其书,并作一归纳,见下表:

卦辞	身体部位
《乾》为首	头
《坤》为腹	腹
《离》为目	眼
《兑》为口	口
《坎》为耳	耳
《艮》 艮:艮其背,不获其身,行其庭,不见其人。无咎。 初六:艮其趾,无咎,利永贞。 六二:艮其腓,不拯其随,其心不快。 九三:艮其限,列其夤,厉薰心。 六四:艮其身,无咎。	背、手、趾、身
《震》上六:视矍矍	眼
《震》为足	脚
《巽》为股	股:人腿,即自胯到脚腕儿的部分,特指胯到膝盖的部分
《巽》为广颡	额宽为广颡(额头)
《大过》上六:过涉灭顶	头顶
《比》上六:比之无首	头

续表

卦辞	身体部位
《革》上六：小人革面	脸面
《噬嗑》六二：噬肤灭鼻	鼻子
《豫》六三：盱豫悔	盱：张大眼睛，睁开眼睛（眼睛）
《履》六三：眇能视	眇：瞎了一只眼（眼睛）
《观》初六：童观	幼稚而浅陋的观察（眼睛）
《咸》上六：咸其辅颊舌	辅颊：耳目之间的脸颊部位 舌头
《颐》初九：观我朵颐	朵颐：推动腮帮子以帮助进食
《贲》六二：贲其须	胡须
《噬嗑》上九：荷校灭耳	耳朵
《明夷》六四：入于左腹	腹
《困》初六：臀困于株木	臀
《丰》九三：折其右肱	肱：胳膊由肩到肘的手臂部分
《剥》六四：剥床以肤	皮肤
《需》六四：需于血	血
《涣》九五：涣汗其大号	汗水
《涣》六三：涣其躬	身体
《咸》九三：咸其股	股：人腿，即自胯到脚腕儿的部分，特指胯到膝盖的部分
《解》九四：解而拇	拇：手、脚的大指
《归妹》初九：跛能履	跛：指患了病的腿或脚
《大壮》初九：壮于趾	趾：脚或脚趾头

从以上辑录中，我们得知这些身体部位的记载大都比较原始和简单，或只是初步涉及而已，但是已经可以窥得《周易》与中医是紧密相连的。

疾病记载与预防

《周易》里出现"疾"字有九处：

《豫》六五：贞疾，恒不死。

《复》复：亨，出入无疾，朋来无咎。反复其道，七日来复，利有攸往。

《无妄》九五：无妄之疾，勿药有喜。

《遁》九三：系遁，有疾厉；畜臣妾，吉。

《明夷》九三：明夷于南狩，得其大首，不可疾贞。

《损》六四：损其疾，使遄有喜，无咎。

《鼎》九二：鼎有实，我仇有疾，不我能即，吉。

《丰》六二：丰其蔀，日中见斗。往得疑疾，有孚发若。吉。

《兑》九四：商兑未宁，介疾有喜。

《周易》里还记载了诸多疾病，如有"眚"（《讼》），"眇""跛""盱"，"噬腊肉，遇毒""噬干肺，得金矢"（《噬嗑》），"疾厉"（《遁》），"蛊"（《蛊》），"疑疾"（《丰》），"不孕症"（《屯》），"妇孕不育"（《渐》），"折其右肱"（《丰》）等疾病名称记载。虽然很多时候只是比喻或引申义，且多数时候只列其病名，有些时候不用药而疾病自愈。如《无妄》："无妄之疾，勿药有喜。"生病虽然是一件坏事，但是如果能够迅速康复，也能够平安无事了。如《损》："损其疾，使遄有喜。"可见《周易》这本书是和生活紧密相关的，利用生活中的例子来诠释道理。

此外，以预测吉凶的形式出现的《周易》，其占筮功能无可否认，它反映出"事先预防""防微杜渐"的思想。如"《豫》者，预也"，强调防患于未然；《既济》六四的"终日戒"，为预防；《大畜》六四的"童牛之牿"，也是预防。这种"预防为主"的思想，对后世影响很大。

《周易》与中药

传统的中医书籍《神农本草经》《黄帝内经》《唐本草》《伤寒论》《金匮要略》《千金方》等均从《周易》中有所借鉴。孙思邈在《备急千金要方·卷一诸论》中言及："凡欲为大医，必须谙《素问》、《甲乙经》、《黄帝针经》、明堂流注、十二经脉、三部九候、五脏六腑、表里孔穴、本草药对，张仲景、王叔和、阮河南、范东阳、张苗、靳邵等诸部经方。又须妙解阴阳禄命、诸家相法，及灼龟五兆、《周易》六壬，并须精熟，如此乃得为大医。"《周易》有"茅茹""枯杨""杞""蒺藜""苋陆"等药草的记载。可见，古人当时已对这些药草有一定的认识，而占卜所用的蓍草本身就是一味中药。

 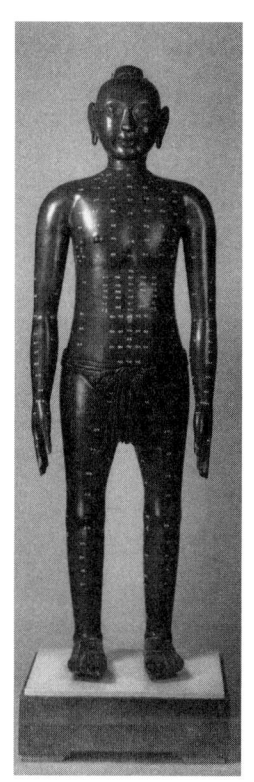

《明堂经络图》(清代)
在传统中医理论中,人体经络是一套具有强大自我调节能力的系统,五脏六腑都通过经络紧密相连,相互影响

《周易》与经络
在中医学的理论和实践中,许多医学家把《周易》阴阳理论、五行规律与人体经络学说相联系,探寻医疗、治病、养生之方

《周易》与心理健康

在《周易》里,还把情志与外因相联系,认为人的喜、怒、忧、思、悲、恐、惊等情志,和风、雨、暑、寒、湿、燥、火等外因相关。如:

《周易·乾》:"君子终日乾乾,夕惕若,厉无咎。"

《周易·丰》:"往得疑疾,有孚发若。"

《周易·兑》:"和兑之吉,行未疑也。"

《周易·益》:"立心勿恒,凶。"

通过分析,"乾卦"的自强不息,"坤卦"的柔静安顺,"需卦"的忍耐克制,"师卦"的领导之道,"比卦"的亲比和睦,"履卦"的心怀坦荡,"同人卦"的志同道合,"谦卦"的谦逊虚心,"恒卦"的恒守常理,"家人卦"的家庭分工,"损卦"的惩忿窒欲等,可知《周易》中人的情志与外因有紧密的联系。所以,天人相应,方可占天以应人事,观象以知吉凶。人的生命健康与宇宙天象有着不可分割的联系。

4. 天文历法相连

《尚书·尧典》说:"乃命羲和,钦若昊天,历象日月星辰,敬授人时。"意思是上天指示羲和,依仗时日的循环,测定日月星辰的运行规律,制定出计算时间的历法。可见天文历法是从人们的日常生活中总结出来的。事实上,《周易》八卦最初也是由伏羲仰观天文、俯察地理、中通人事才画出来的。它以卦爻为符号,以卦爻辞为语言,推出宇宙的演化图式,得到太极、两仪、四象、八卦相生图式,探索宇宙以及人生变易规律,阐述人类适应宇宙变化的法则,最主要法则即是"天、地、人三才合一"。天象中的日月星辰变化如日、星辰、雷电、气象、寒暑等,都对人体生命有着重要影响。《周易·系辞传》曰:"八卦相荡,鼓之以雷霆,润之以风雨,日月运行,一寒一暑。"八卦中还有"月几望""先甲三日,后甲三日""日中见斗""日昃之离"等诸多天象运行的记载。《周易·系辞传》曰:"日往则月来,月往则日来,日月相推而明生焉。"指太阳、月亮交相推移而光明常生。"寒往则暑来,暑往则寒来,寒暑相推而岁成焉。"寒暑季节交相推

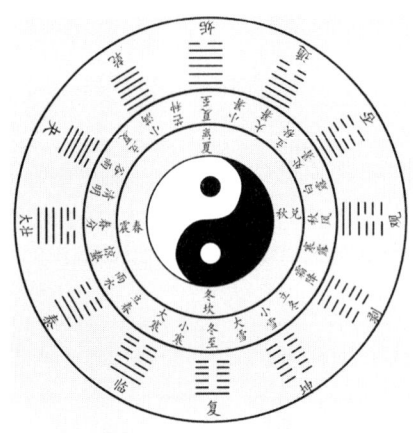

十二消息卦

据说在干宝注《周礼》所引《归藏》文字中，即有十二辟卦之说。这十二卦是：复、临、泰、大壮、夬、乾、姤、遯、否、观、剥、坤

移而年岁形成。

特别值得注意的是十二消息卦。十二消息卦是由乾、坤两卦相互推移而形成的十二卦，依阴阳消息的次序排列为：复、临、泰、大壮、夬、乾、姤、遯、否、观、剥、坤。这十二卦，代表一年十二个月。《周易参同契》说："变易更盛，消息相因，终坤始复，始循连环。"在十二消息卦中，二至、二分是一年四季中阴阳消长的转折时期；冬至、夏至为每年阴阳之气接合之时；春分、秋分则为每年阴阳之气分离之时。因为十二消息卦反映了阴阳变化与天体运行和四季变化的规律，所以是创立我国天文历法的基础。

此外，《周易》中有许多关于气象的记录和论述，如：

《坤》初六："履霜，坚冰至。"

《鼎》九三："方雨亏悔，终吉。"

《小畜》："密云不雨，自我西郊。"

《小畜》上九："既雨既处，尚德载，妇贞厉。"

《睽》上九："往遇雨则吉。"

《夬》九三："独行遇雨若濡，有愠，无咎。"

《小过》六五："密云不雨，自我西郊，公弋取彼在穴。"

这些都为后人从事古代气象的研究提供了宝贵的资料。

5."周公解梦"相效

每个人都要做梦,梦之于人犹灵魂之于人,与之俱来,随之而去,伴随人之一生。只要人的大脑之思维能力还在,梦就会长久不衰。做梦不分贵贱、不分长幼、不分尊卑、不分男女、不分中外,只是梦的内容有所不同而已。古人有言:"日有所思,夜有所梦。"有时梦中所见,日即遇之。梦之神秘至此,我们的祖先亦早知之,即产生梦文化。梦文化是我们古代的文化遗产,是劳动人民智慧的结晶。首先,有许多关于梦的成语,如"魂牵梦萦""春梦无痕""浮生若梦"等;关于梦的诗句亦不计其数,如李煜的"梦里不知身是客",辛弃疾的"梦回吹角连营",苏轼的"夜来幽梦忽还乡。小轩窗,正梳妆",等等。其次,古代哲人关于梦的思考我们也耳熟能详,如庄生梦蝶;明代崇祯年间的《梦林玄解》是梦学的集大成者,而《现代周公解梦》即流传在民间的解梦之书,能从梦中预测吉凶。《现代周公解梦》亦被改编成《梦兆吉凶对照表》,以便快速查询。人的梦都是象征性的,有的含蓄,有的直露,后者就是直梦。如同人的身影一般,既司空见惯又神秘莫测,既虚无缥缈又真实可见。若说梦是幻觉,然梦中之人物事件,醒后皆历历在目;若说梦是真实之表现,然醒后却有竹篮打水一场空之感。《现代周公解梦》成为我们研究梦学的资料之一。

附 录

1.《周易》重要典籍

《四库全书总目》经部著录易类图书158部、1757卷,附录8部、12卷;另有存目317部、2371卷(内四十六部无卷数),附录一部、一卷。其序并谓易学有"两派六宗":

> 《左传》所记诸占,盖犹太卜之遗法,汉儒言象数,去古未远也;一变而京、焦,入于机祥;再变而为陈、邵,务穷造化,易遂不切于民用。王弼尽黜象数,说以老庄;一变而胡瑗、程子,始阐明儒理;再变而李光地、杨万里,又参证史事,易遂日起其论端。

姑且不论"六宗"之说是否符合易学史原貌,"两派"之分则已为学者多所认同,此即易学史上所谓"象数派"和"义理派"之分。在此,兹转引朱伯崑先生所编《易学基础教程》中的《周易知识系统表》,以供参考。

下面就重要著作进行简要介绍:

```
                              ┌ 京房《京氏易传》
                              │   《易纬》
                              │ 虞翻《周易注》
                              │ 李鼎祚《周易集解》
                              │ 刘牧《易数钩隐图》
                              │ 邵雍《皇极经世》
                    象数易学 ─┤ 周敦颐《太极图说》
                              │ 朱震《汉上易集传》
                              │ 朱熹《易学启蒙》
                              │ 吴脉鬯《易象图说》
                              │ 来知德《周易集注》
                              │ 方孔  《周易时论合编》
                              └ 胡渭《易图明辨》
《易经》→《易传》→易学 ─┤
                              ┌ 王弼《周易注》
                              │ 韩康伯《系辞注》
                              │ 孔颖达《周易正义》
                              │ 胡瑗《周易口义》
                              │ 张载《横渠易说》
                              │ 程颐《伊川易传》
                              │ 司马光《温公易说》
                              │ 杨万里《诚斋易传》
                    义理易学 ─┤ 杨简《杨氏易传》
                              │ 朱熹《周易本义》
                              │ 蔡清《周易蒙引》
                              │ 王畿《大象义述》
                              │ 智旭《周易禅解》
                              │ 王夫之《周易内传》
                              │   《周易外传》
                              │ 惠栋《周易述》
                              └ 焦循《易学三书》
```

王弼和韩康伯注、孔颖达疏《周易正义》

《周易正义》即为《五经正义》之一,初名《周易义赞》,亦称《周易注疏》《周易兼义》。原分十四卷,后人并为十卷。王弼以老庄玄学解易,其易学源自费直,主张注《易》时须注重阐明《周易》所包含的义理。孔颖达为汉代以来注《易》诸家中，"唯魏世王辅嗣（王弼）之注，独冠古今"，因采王弼、韩康伯《周易注》，逐句加以疏解，宣称"考察其事，必以仲尼为宗；义理可诠，先以辅嗣为本"。此疏也是《五经正义》中唯一未以前人义疏为底本的新著。

李鼎祚《周易集解》

《周易集解》远承汉易，近绍王弼和韩康伯注、孔颖达疏，后启宋明易学，更是清儒研究汉易的凭借，于义理与象数易学均有参考价值。

周敦颐《太极图说》

《太极图说》参照陈抟的无极图，并受禅宗虚无说的影响，将道家和道教的无极观念引入儒家的解易系统，以阴阳动静解释太极和两仪的关系，为儒家宇宙论提供了一个完整的体系。论天地万物的形成演变过程为无极→太极→阴阳二气→五行之气→万物和人类，并在此基础上谈到人极。

邵雍《皇极经世》

邵雍在易学象数派中"自为一家"，以先天象数之学名于世，和周敦颐、张载、程颢、程颐并称为"北宋五子"。《皇极经世》是一部运用易理和易教推究宇宙起源、自然演化和社会历史变迁的著作，以河洛、象数之学显于世。"皇极"一词出自《尚书·洪范》孔颖达疏："皇，大也；极，中也。""皇极经世"意为以最大的规范来经纬世事。其书叙述自尧至后周显德末之治乱兴亡史，皆以卦象推算古往今来治乱盛衰之命运。其中《观物篇》实乃邵雍之哲学、易理、历史学的理论大纲。

《程氏易传》

又称《周易程氏传》《伊川易传》。程颐受王弼、胡瑗、王安石以义理治《易》的影响，在此书中，借解释《周易》卦辞爻象来阐明义理。通过对卦爻辞的解释，并在《易传序》中提出"体用一源，显微无间"的理学命题，提出卦变说、当位说、相应说、随时取义说，极有利于说明卦爻象和卦爻辞之间的联系，使取义说得到充分发挥。

朱熹《易学启蒙》

《易学启蒙》（即李光地《周易折中》中收录的《易学启蒙》）是朱熹所著普及易学的著作，学《易》者的入门之书，也是阅读朱子《周易本义》的预备知识。在《易学启蒙》里，朱熹批判地吸取了各家的观点，以程氏易学为骨干，融会各家的长处，提出"《易》本卜筮之书"，以象数解说《周易》，比较通俗易懂。

王夫之《周易内传》与《周易外传》

王夫之主要的易学著作有《周易外传》《周易内传》《周易稗疏》《周易考异》《周易大象解》等。船山的易学，考证翔实，训诂精当，集明代易学之大成而多所创见，自成一家之言，是研究中国易学的必备之书。

廖名春《周易经传十五讲》

本书分十五讲。《周易》的特征、学《易》的意义、学《易》的方法，尽在其中。本书更有对《周易》六十四卦之每一卦爻辞的解释，有对《易传》的解释。《周易》经、传的要义在每一讲讲中得到深入浅出地解释。《易》非坊间认为的算命之术，实乃修身以至治国之哲理所在，现代人诚不可不学《易》，学《易》必有入门之书，此书如是。

杨庆中《周易经传研究》

《周易经传研究》由上下两编共十五章组成，上编七章集中讨论《周易》古经（本书简称为《易经》），下编八章集中讨论《易传》。上编主要涉及了卦爻象、卦爻辞、象辞关系、卦名与卦序、《易经》的成书年代、《易经》的性质以及《易经》中的人道教训等七个专题。下编主要讨论了孔子与《易传》、《易传》成书的时代、《易传》成书的思想文化资源、《易传》解经的合理性、《易传》解经的思路、《易传》中的天人问题、《易传》中的"道"、《易传》与中国哲学等八个专题。本书对中国传统哲学以及中国传统文化中的深层次问题作出反思；并努力于知识的层面还经传一个相对准确的说法，于学术的层面，探寻现代易学研究的新思路。

2. 学《周易》的方法

《周易》研究的方法论问题，1963年曾经引起过我国学界的热烈讨论。讨论的中心集中于两点：一是研究《周易》是否应当以"传"解"经"；二是在研究中如何划分现代观念与古人思想的界限。但此类讨论仅涉及局部范围，尚未深入展开，所以也未能得出全局的结论。

那么，今天我们应采用怎样的方法学习《周易》呢？黄寿祺（1912～1990年）、张善文教授曾提出过八条意见，颇值得重视。下面，笔者在黄、张说的基础上，也谈一谈自己的看法，供大家参考。

一、先学易学史，从源溯流，对易学有一个基本的把握

据笔者的经验，学《周易》应当先学易学史，只有对古往今来易学发展的大概有了一定的了解以后，我们才能知道哪些书该读，哪些书不该读；哪些书当先读，哪些书当后读；哪些书当精读，哪些书当泛读。如果不了解前人的曲折，只凭血气之勇，势必会南辕北辙，热情也不会持久。

二、以经传为本,旁及其他

学习《周易》第一要以本经为据,其次则要重视《易传》。今人读《易》,强调经传分离,经是经,传是传。古人读《易》,则强调经传一体,以传解经。这两种方法,都有是有非。忽视经传的区别,以传代经,确实违反历史重视史实的主要原则,然而因此便忽视经传之间的联系,否定传本于经的事实,把经传截然分开,也是不科学的做法。

经传学好了,再学习其他易著也就有了基础。这样,我们就可根据易学史的知识,进行挑选。一般来说,应先读《左传》《国语》《穆天子传》以及出土简帛的记载;再看汉魏古注(主要见于李鼎祚《周易集解》),六朝、隋、唐诸家义疏(以孔颖达《周易正义》为代表);然后是宋、元、明、清各家之经解(宋、元人经说多见《通志堂经解》,清人经说可读《清经解》《续清经解》);最后才是今人的新注新解。

三、象辞一体,以象数为义理服务

《周易》的象辞是否有相应之理,是有争议的。读《易》是以义理为主,还是以象数为主,也是有争议的。

我们认为《周易》六十四卦的卦画和卦义,也就是说卦爻象和卦爻辞之间既存在着形式上的关联,也存在着实质上的内在逻辑联系。承认这一前提,就可知道读《易》既不可舍象数而言义理,也不可不顾义理来谈象数。

《周易》的义理是本,象数只是手段,是为义理服务的。帛书《易传》的《要》篇记载孔子学《易》"幽赞而达乎数,明数而达乎德",虽然强调要"幽赞""明数",但其目的是"求其德义"。孔子开创的这一传统,应是学《易》的正道。

四、掌握"易例"

朱伯崑教授说，《易传》对《周易》的解释有两套语言，即筮法语言和哲学语言。前者谈筮法问题，后者谈哲学问题，往往又不脱离筮法问题。其实，不但《易传》，《周易》本经也有两套语言，只不过是筮法语言"显"，而哲学语言"隐"而已。

《周易》本经的筮法语言是有规律的。这些规律，前人称之为"易例"。掌握了"易例"，就能了解《周易》的筮法语言；不掌握"易例"，就读不懂《周易》的筮法语言，最终也不能了解其哲学语言。一部《周易》，难字并不多。比如乾、坤两卦，基本上就没有什么难字。"用九""用六"，都是非常容易的字眼。但不掌握"易例"，不懂《周易》的筮法语言，是根本讲不清楚的。从这一点来看，《周易》之难，就在于其筮法语言的难以掌握，就在于"易例"探索的艰难。

五、重视出土材料与传世文献的互证

近年来，与《周易》有关的材料不断出土，其中有许多是王弼、孔颖达、程颐、朱熹、高邮王氏父子没有见过的文献。这些出土材料，不但给易学研究提供了新的资源，更重要的是与现有的文献相互印证，能加深我们对现有文献的认识。

如：1973年底，长沙马王堆三号汉墓出土的帛书《周易》；1993年冬出土于湖北省荆门市郭店一号墓的郭店楚简《周易》；王家台秦简《归藏》；等等。

在我们这个大发现的时代，学习《周易》而不注意出土材料，肯定不行。

（选自廖名春《周易经传十五讲》）

图书在版编目（CIP）数据

推天道、明人事：周易 / 陈欣雨著. —郑州：中州古籍出版社，2014.10
（华夏文库）
ISBN 978-7-5348-4800-1

Ⅰ.①推… Ⅱ.①陈… Ⅲ.①《周易》- 研究 Ⅳ.①B221.5

中国版本图书馆CIP数据核字（2014）第114675号

华夏文库·儒学书系
推天道、明人事：周易

总　策　划　　耿相新　郭孟良
责任编辑　　张向敏
责任校对　　岳　霞
封面设计　　新海岸设计中心
版式设计　　曾晶晶
美术编辑　　曾晶晶
责任印制　　刘新毅
项目统筹　　单占生　萧　红（执行）

出　版　中州古籍出版社
　　　　　地址：河南省郑州市经五路66号
　　　　　邮编：450002
　　　　　电话：0371-65788693
经　销　新华书店
印　刷　河南新华印刷集团有限公司
版　次　2014年10月第1版
印　次　2014年10月第1次印刷
开　本　960毫米×640毫米　1/16
印　张　9印张
字　数　75千字
印　数　1-3000册
定　价　23.00元

本书如有印装质量问题，由承印厂负责调换